組織論と行動科学から見た人と組織のマネジメントバイアス

人材研究所 曽和利光
ビジネスリサーチラボ 伊達洋駆

ソシム

はじめに

私は四半世紀以上に渡り、主に人と組織のマネジメントに関わる仕事に携わってきました。40歳までは人事の実務家として、それ以降は人事コンサルタント、あるいは経営者として様々な役割を担ってきたのです。その結果、多くの人の人生に好むと好まざるとに関わらず、少しずつ影響を与えてきたと思います。

2万人以上の方々にお会いした採用面接などはわかりやすい例ですが、私が合格にすれば次があり、不合格にすれば次はない。その判断で、人生が変わってしまった人もいるかもしれない。私ごときがそのような大それた判断をして良かったのかと、いまさらながらに恐ろしくなります。

公認会計士や弁護士や医者など、人から重要な判断を委任され遂行する専門家は、その判断の質を保証するために、難しい資格試験を乗り越え、資格を取得しなくてはなりません。しかし、採用や評価など、人や組織をマネジメントする上で重要な判断を担う人事やマネージャー、経営者にはそのような資格がなく、何を学ぶべきかの知識も明確でない。

これは、人や組織のマネジメントが簡単だと思われているからかもしれません。採用面接など、人と人が会って話すだけ。毎日会っているから、人の評価など簡単。人と人の相性などある程度様子を観ていればわかるなど、高度な専門性が必要であると見られていないのでしょう。

しかし私は、人や組織をマネジメントするには、「人や組織の行動や思考のパターン」についての知識、すなわち組織論や行動科学などの知識が不可欠だと思います。物理学を知らない機械エンジニアはいないのに、組織論や行動科学を知らない人事はたくさんいる。そのような人たちが、人の人生を左右しかねない仕事を担い、経験と勘だけで様々な判断を下している。一方で、米国など、海外企業の人事担当者は博士号などを取り、研究論文を読みこなす方も多い。

もちろん、経験や勘のすべてが間違いとは言いません。ただ、組織論や行動科学を学ぶと、「我々が信じる常識とは異なる、学術界における常識がある」ことに気付きます。しかもそれは、何年も、何十年も前に学術研究で検証されている。その常識を、知らないでいるのは罪悪であり、怠慢ではないでしょうか。

人や組織は、世界中の研究者が発見し、積み上げてきた常識、原理と原則をベースにマネジメントするべきだ。私が本書を世に出したいと思った背景には、こうした想いがあります。

もちろん、組織論や行動科学などの知見により、すべてがわかる、すべての課題を解決できるとは思いません。原理と原則だけで、様々な制約条件下にある現実のビジネス課題を解決するのは不可能でしょう。しかし、世界中の研究者たちが検証し、蓄積してきた原理と原則が、課題解決を図る上でまったく役に立たないとも考えません。

組織論や行動科学などの知識体系は、まだ未開拓なところもあります。曖昧なところも多く、時代や社会の影響も受けた変化の幅も大きい。そのために、人事やマネージャー、経営者などの実務家が新しい知見にキャッチアップしていくのは至難の業です。

実務家に対してこうした知見を提供する研究者として適役である考えたのは、日本採用力検定協会の理事として知り合い、採用力検定の仕事で何度も議論をするうちに意気投合した伊達洋駆さんです。採用学研究所所長も勤める伊達さんは、研究と実務を架橋すべく、大学院在籍時にビジネスリサーチラボという組織（後に株式会社化）を立ち上げ、現在、「アカデミックリサーチ」というコンセプトの下で人と組織に関する様々なサービスを提供しています。

本書を作り上げるにあたっては、企業で日々直面する人の採用・育成・評価、組織の成長・文化の課題について、私が持つ実務界における「常識」と、伊達さんが持つ学術界における「常識」をぶつけ合いました。のべ100時間にも及ぶディスカッションのなかから得られた「常識のギャップ」を、「バイアス＝誤った思い込み」という形でまとめたのが本書です。

なお本書を作成する上で、実務と学術研究の間の本であるがゆえにいろいろと悩ましい部分がありました。また読みやすさを優先し、あえて筆者という一人称で本文を記述しています。「行き過ぎたと感じられる表現」や「学術的に必ずしも正しくないのではと感じる箇所」があれば、私の文責とさせてください。

実務界における常識が必ずしも間違っているわけではありません。最終的に判断を下すのは皆様です。本書の提供する知見が、皆様の判断にあたってのヒントとなれば幸いです。

人材研究所　代表取締役社長

曽和利光

【目次】

はじめに　2

PART 1 人のマネジメントバイアス　13

1章 採用に関するバイアス　14

【バイアス①】組織に入れば、順応して、人の価値観が変わる　14
組織社会化

【バイアス②】中途採用者が転職先で活躍できるかは、本人の能力次第である　22
組織再社会化

【バイアス③】カルチャーフィットは、最も重視するべき採用基準だ　29
カルチャーフィット

【バイアス④】採用基準・プロセスは、候補者にオープンにするべきでない　34
意志決定プロセス

【バイアス⑤】早期離職を抑えるため、リアリティショックは避けるべきだ　40
RJP（Realistic Job Preview）

【バイアス⑥】自分をよく見せようとする人は、採用するべきでない　47
社会的比較
【バイアス⑦】就職活動で頑張っている人に、アプローチするべきだ　53
自己効力感
【バイアス⑧】採用の成功には、認知度向上が有効である　58
特性的自己効力感

2章 育成に関するバイアス　64

【バイアス⑨】厳しい研修は、新人を一人前にする上で有効だ　64
認知的不協和
【バイアス⑩】長期的な目標を立てれば、社員の成果が上がる　71
目標設定理論
【バイアス⑪】社員がキャリア自律すると、離職率が高まる　76
キャリア自律
【バイアス⑫】キャリア自律研修は、すべての年代で実施するべきだ　81
キャリア開発

【バイアス⑬】社内政治力が、キャリア満足と給与を高める　86
キャリア・サクセス
【バイアス⑭】リーダーシップには、一般的な定義がある　93
変革型リーダーシップ
【バイアス⑮】一皮むけた経験は、一般社員のリーダーシップ開発に役立つ　99
一皮むけた経験
【バイアス⑯】人の能力は基本的に、固定的で変わらない　106
固定理論と増大理論
【バイアス⑰】社員の成長を促すには、学習を評価することが必要だ　111
達成目標理論
【バイアス⑱】社員の自発的な学習を促すには、研修が有効である　118
目標志向性
【バイアス⑲】イノベーター人材は、社内では育成できない　125
熟達目標志向と遂行目標志向

3章

評価に関するバイアス　132

【バイアス⑳】厳格な評価制度によって、組織がうまく回る　132

年功給と職能給
【バイアス㉑】相対評価によって、社員のモチベーションが上がる 138
遂行接近目標と遂行回避目標
【バイアス㉒】評価は極力、社内でオープンにするべきだ 146
外発的動機付けと内発的動機付け
【バイアス㉓】多面評価による結果は、信頼できる 151
多面評価
【バイアス㉔】多面評価には、行動やパフォーマンスの改善効果はない 156
過大評価と過小評価
【バイアス㉕】多面評価では、強いショックを与えるほどよい 160
自己評価と他者評価
【バイアス㉖】フィードバックのやり方には、正解がない 165
フィードバック
【バイアス㉗】ネガティブフィードバックには、あまり効果がない 173
ポライトネス理論
【バイアス㉘】ハイパフォーマーにネガティブフィードバックは必要ない 179
ポジティブフィードバックとネガティブフィードバック

PART II

組織のマネジメントバイアス 187

4章

成長に関するバイアス 188

【バイアス㉙】経営理念が浸透すると、会社は成長する 集団凝集性 188
【バイアス㉚】MBOによる目標管理は、社員のポテンシャルを引き出す MBO(Management by objectives and self-control) 192
【バイアス㉛】エンゲージメントが高まれば、組織の業績も上がる エンゲージメント 198
【バイアス㉜】組織への愛着や一体感を高めれば、社員のパフォーマンスが上がる ワークエンゲージメント 204
【バイアス㉝】ダイバーシティが高まると、組織のパフォーマンスが向上する 表層的ダイバーシティと深層的ダイバーシティ 209
【バイアス㉞】イノベーションには、ダイバーシティが必要になる 持続的イノベーションと破壊的イノベーション 214
【バイアス㉟】女性管理職の目標比率を公表するべきだ 219

性役割意識
【バイアス㊱】自社の強みをベースに、事業方針を立てるべきだ　224
コア・コンピタンス

5章 文化に関するバイアス　228

【バイアス㊲】競争環境に置かれれば、人は自然と努力する　228
メンター制度
【バイアス㊳】若手が会社に馴染むには、メンター制度が有効だ　234
プロアクティブ行動
【バイアス㊴】離職を減らすには、ピザパーティーが効果的だ　239
JD－Rモデル(Job demands-resources model)
【バイアス㊵】働き方改革は、社員のやる気を引き出す　244
セレクティブ・リテンション
【バイアス㊶】ある種のパワハラも、時には有効である　248
援助要請
【バイアス㊷】属人風土は、排除するべきだ　253
属人風土

【バイアス㊸】組織の構造を変えれば、組織文化が変わる　257
組織論
【バイアス㊹】組織文化は、短期間で変えられる　262
組織文化
【バイアス㊺】強い組織文化を持てば、企業の業績は上がる　267
ホフステードの6次元モデル

参考文献リスト　i

あとがき

PART 1

人の
マネジメントバイアス

1章 採用に関するバイアス

【バイアス①】組織に入れば、順応して、人の価値観が変わる

【組織社会化】

「組織社会化」とは、個人が組織内の役割を引き受けるのに必要な知識や技術を獲得するプロセスである。たとえば、ある会社に入った新入社員が、組織の文化や価値観、自らに求められる役割や知識を認識し、業務の進め方を身に付けていくプロセス。元来「社会化」という言葉は、社会学や人類学などの領域で使用されていたが、20世紀半ば、「組織における社会化」という考え方が経営学で使われるようになった。

■価値観を変えるには、どのように働きかけるべきか

「組織に入れば、その組織に順応して、人の価値観が変わる」。漠然と、こう感じている人は少なくないでしょう。ただ、価値観を変えるために「どのように働きかけるべきか」をきちんと認識している企業は多くありません。

そもそも、多くの人にとって〝組織〟という単語自体、非常にあいまいです。セミナーなどで出席者に「あなたの組織では……」と投げかけると、しばしば「組織という言葉が抽象的でわかりにくい」と言われます。

たしかに、自分の半径5m以内にいる近い人の集まりを組織と捉える人もいれば、部署、部門、あるいは会社全体と考える人もいます。1千人から1万人規模の大企業には、「自分の属するこの部署は好きだけど、この会社は嫌い」という人も珍しくありません。なかには、「自分の属する部署・部門以外は敵」と感じている人さえいます。このように、組織像は、人によって変わってくるのです。

では一般的な企業は、どのように新人の価値観を変え、組織人としての態度・行動を獲得するように働きかけているのでしょう。

典型的なのは、「いつまでも学生気分ではダメだ」「うちの会社ではこうしたことを重視する」と伝えることで、価値観の変容を迫る新人研修です。この際、社内で口にされるのが、「新人の鼻をへし折る」という言葉です。これまでの価値観を否定し、新しい（社会人としての）価値観をインストールしようとするのです。

こうした通過儀礼でマインドセット（思考の癖）をリセットし、組織に適応させるというアプローチは本当に有効なのでしょうか。

■個人の価値観、意識をすぐに変容させるのは難しい

学術界では、「人はどのようなプロセスで組織に適応するか」についての研究が行われています。これは、「組織社会化」と呼ばれる領域です。

研究の結果、見えてきたのは「個人の価値観、意識をすぐに変容させるのは難しい」ことです。たとえば、従来の新人研修などで真っ先に行われていた「鼻をへし折る」アプローチは、組織への円滑な適応という意味では必ずしも適切ではありません。また「組織に入ったら、ただちに周囲に感化されて、ほぼ自動的にその人自身の価値観が変容することはない」こともわかってきました。

理想的な組織社会化のプロセスは、個人に急激な変化を求めることなく、「集団→組織→個人」の順番で徐々に価値変容を促すことです。具体的には、「①職場で良好な人間関係を構築する」「②組織の規範を受け入れる」「③組織人としての態度を

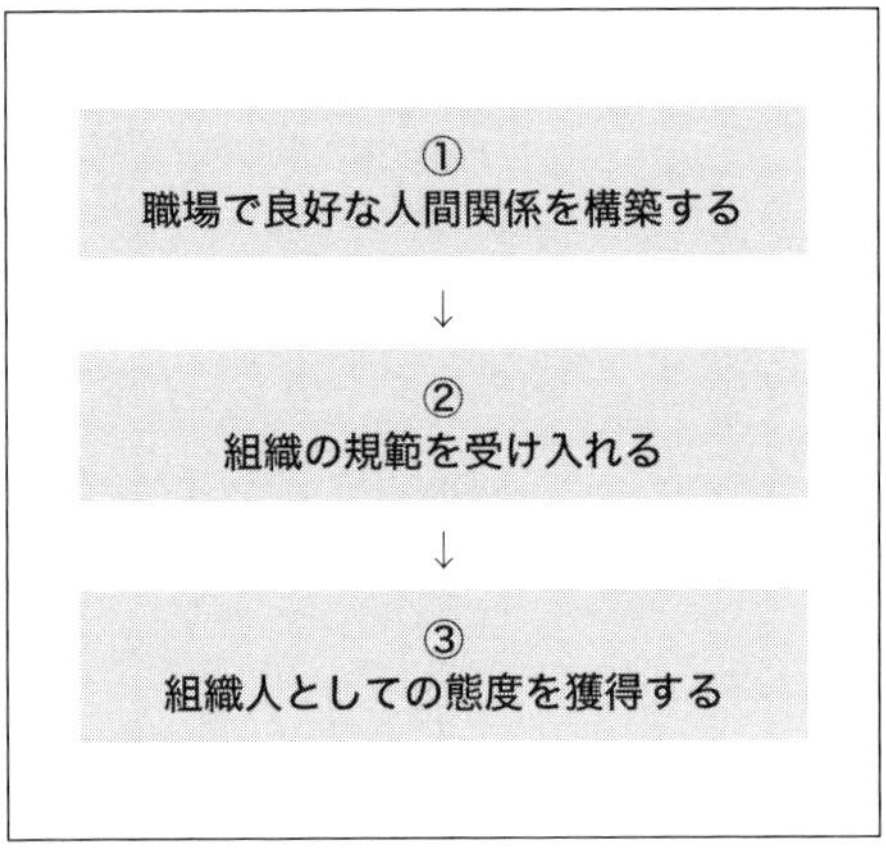
①
職場で良好な人間関係を構築する
↓
②
組織の規範を受け入れる
↓
③
組織人としての態度を獲得する

図｜組織社会化のプロセス

獲得する」という流れとなります。

「③組織人としての態度を獲得する」という個人の価値観変容は組織社会化において最も難しいプロセスです。にもかかわらず多くの企業は、急激に個人の意識を変容させようとする。そして、最初のステップである「①職場における良好な人間関係の構築」を現場任せにしがちです。

初期段階において、職場で良好な人間関係を構築できていないと、組織のインフォーマル情報が得られず、組織の規範受け入れや組織人としての態度形成に時間がかかってしまう。そのため、近年は「組織社会化を進める上では、人間関係を良好にすることが重要」という意識を持って、インフォーマルネットワークの構築に注力する企業も少しずつ増えてきました。

多くの人にとって、所属している組織とは職場という小さな集団であり、そこでの関係性が組織社会化で最も重要なのです。

■第一段階では、「この会社に入社してよかった」と内定者に思ってもらう

リクルートでは、新人を組織に適応させるため、大きく二段階に分けて内定者フォローを実施していました。

第一段階では、まず「この会社に入社してよかった」と内定者に思ってもらいます。すなわち、内定者が集まる場面で「入社動機」を一人ひとりに話させて、互いに肯定し合うようにするのです。内定者のなかには、「自分はこの会社に入ってやっていけるか」と不安に感じていたり、「もっと合う会社があるのではないか」と迷ったりしている人もいます。内定者の入社を自らあるいは他者が

肯定することで、（言い方は悪いのですが）「赤信号、みんなで渡れば怖くない」といった感覚を持つようになります。

内定者同士の「良好な人間関係を構築する」ことも重視しています。そのために、各人の類似性、外見も含む対人的魅力、会社へのロイヤリティの高さといった属性から、相性の良い内定者のチームを作ります。この際、「どこに住んでいるか」も重視し、同じ地域や鉄道沿線でチーム分けするのです。

内定者チームは、入社前に何度も開催される研修やイベント、合宿などに定期的に参加します。相性の良い者同士が集まり、帰る方向や路線が一緒、しかも対人的魅力が高いメンバーもいるので、SNSで互いに交流したり、研修やイベント帰りにカラオケや飲みに行ったりなど、勝手に親睦を深めてくれます。

集まりの場では、会社に対するロイヤリティの高い内定者が「この会社はいいぞ」と触れ回ってくれるので、他のメンバーのロイヤリティも高まります。大企業で数百人規模の採用をすれば、内定者一人ひとりをフォローできません。内定者同士で自主的に親睦を深めてもらうのは、極めて有効なのです。

一方、多くの企業は、内定式で立食パーティなどを開き、いきなり内定者同士を引き合わせます。しかし、これは非常にリスキーな行為です。初対面の学生が大人数の立食パーティのように高度なコミュニケーションスキルが要求される場に放り込まれれば、予期せぬ衝突が起こりやすいからです。たとえば明らかに気の合わない同期と遭遇した内定者が、「ああいう同僚がいるなら、内定を辞退しよう」と考えてもおかしくありません。

こうした事態を防ぐためにも、事前に相性が良い内定者の小集団をつくっておくのです。パーティーの場でも仲間で集まって話ができるし、仮に感じの悪い内定者がいても彼らがフォローしてくれます。結果、内定辞退という〝事故〟を回避できます。

■第二段階で実施する内定者フォローは、「キャリアプランの白紙化」

第二段階で実施する内定者フォローは、「キャリアプランの白紙化」です。

リクルートのような企業に入社してくる新卒者は、「自分は将来、こういう方向に進み、こういう人間になりたい。その最初のステップとしてリクルートに入った」という人が多い。自分なりの「夢＝キャリアプラン」を持っているわけです。

採用担当者は、採用の段階ではその夢に賛同するものの、新卒社員の全員が思い通りの配属になるわけではないため、入社直前にはそのプランを一旦は否定しなくてはなりません。新入社員が「どの部署に配属されても構いません」「何でもやります」と言えるように、マインドセットをリセットするのです。「自分は企画部門に行きたかったのに、営業に配属されてしまった」といった希望と現実とのギャップから会社を辞めないようにするためです。

では、どのような手段でキャリアプランを白紙化するのでしょうか。

一つ目の手段は、多くの人は偶然性によってキャリアアップしていくこと、すなわちジョン・クランボルツ*らが提唱する「プランドハップンスタンス理論*」などを丁寧に説明し、納得してもらうことです。個人のキャリアの8割は、予想もしていなかった出来事によって決定される。だから、その偶発性を柔軟に受け入れることで、キャリアはより良いものになると丁寧に説明するのです。

＊ジョン・クランボルツとは、スタンフォード大学院教育学研究科の教授。1999年に、マイケル・レビンとともに、プランドハップンスタンス理論（計画的偶発性理論）を提唱した。プランドハップンスタンス理論とは、個人のキャリアは予想しない偶発的なことによって決定されるので、その偶然を計画的に設計し、自分のキャリアを良いものにしていこうという考え方である。

もう一つの手段は、配属希望部署のデメリットを指摘することです。「この部署は厳しいよ」と伝えて、それとなく意欲をそぐ。反対に、人気のない部署については「この部署はすごく楽しい」とアピールするのです。

こうした白紙化プロセスは、ある意味、組織社会化に不可欠でしょう。ところが多くの企業は、このような配属部署についての部分的な白紙化ではなく、全人格的な白紙化を試みようとしています。つまり、態度や生き方、時間の使い方など、すべてを白紙化し、会社の価値観に合わせようとしている。しかしそのアプローチは成功しにくい。白紙化は、具体的な課題についてのみ実施するのが重要です。

内定者フォローではまた、社員のハブ人材＊と内定者のハブ人材、内定者のハブ人材同士をつなげることも重要になります。各小集団のなかでハブ人材になりそうな内定者に目星を付け、彼らを引き合わせるのです。

＊ハブ人材とは、複数のコミュニティに同時に関わり、多くの人脈をもつと同時に、必要な人と人をマッチングするような役割を果たす人材。

こうすることで小集団同士がつながって、新たなネットワークが生まれます。これは、ネットワーク理論における「いちばん効率的なネットワークのつくり方は、小集団のハブ人材同士でつながること」の通りです。こうして作り上げられたインフォーマルネットワークを通じて、組織の規範が伝わります。

もし「良好な人間関係」や「インフォーマルネットワーク」の構築プロセスを経ることなく、各職場の上司が強引に白紙化すれば、自由を侵害されたと感じる個人は面従腹背の姿勢をとったり離職したり、仮に価値観変容がうまくいったとしても、配属先組織のなかだけで通用する小さな価値観に染まってしまったりするリスクが生じます。別の職場にも親しい同僚がいて、様々な情報が入ってくる。こうした状況を作り上げることで、組織のタコツボ化や偏った人材育成を防ぐことができるのです。

このように、新人を組織に適応させるには前段階での丁寧な仕込みが必要になります。

【バイアス②】中途採用者が転職先で活躍できるかは、本人の能力次第である

【組織再社会化】
組織社会化とは、組織に新しく入った人が、その組織で求められる役割、知識、規範などを受け入れ、その組織に適応していくプロセスのこと。これに対して、組織再社会化は、他の組織でいったん組織社会化された人が、転職などにより別の組織に参画し、新しい組織における役割、知識、規範など馴染んでいくプロセスを指す。

■中途採用者が転職先で活躍できるかは、本人の能力次第なのか

日本企業の採用スタイルは新卒採用中心型と中途採用中心型の二つに分けることができます。一般に、「即戦力」を重視する企業は中途採用中心型、中長期的に社内で人材を育成する企業は新卒採用中心型となっています。

人事の世界では、「新卒採用中心型の会社のほうが、新しく入った人材の組織への適応に苦労しない」と言われています。新卒社員は就業経験がなく、新たな役割、知識、規範などを受け入れやすい。一方、中途人材は、前の会社の役割、知識、規範などに慣れているため、新たな価値観を受け入れるのが容易ではありません。

そのため以前は、20代半ばから30代半ばまでが「転職適齢期」と言われ、求人広告に「35歳まで」と年齢制限を設ける企業も見られました（こうした表記は現在では、法律違反になっていますが……）。これは、前職で身に付けたものを一旦横において、新しい組織の役割、知識、規範などに切り替えるには、30代半ばが限界だろうという認識が社会的に存在していたからです（「Don't trust over thirty」を口癖にしていた経営者や人事担当者も少なくありません）。

ただ、こうした認識も昨今変わりつつあります。人手不足が進むなか、現在、労働力調査特別調査によれば、35才以上の転職者を受け入れる企業が増えています。経営者人材はもちろん、幹部候補や現役社員として、40代や50代の転職者を受け入れる企業も珍しくなくなっています（実際、45才以上限定の転職サイトも登場しています）。

ただ、問題は「彼らにどのように活躍してもらうか」です。即戦力採用を重視する会社ほど、転職者に対しても早いタイミングで成果を求める。新しい職場には、「中途採用者が転職先で活躍できるかは、本人の能力次第」と突き放す人もいます。転職者が早期に成果を出せないと、職場に微妙な雰囲気が流れるかもしれません。それが続けば、本来は活躍できるはずだった中途人材が辞めてしまう可能性もある。これでは、転職者にかけたコストがムダになります。どうすれば、中途人材が活躍できるのか。多くの企業が、転職者の受け入れ体制や適応方法に悩んでいるのです。

■企業側から、転職者に組織再社会化を促すことが重要

新しく入った人材がその組織で求められる役割、知識、規範などを受け入れ、その組織に適応し

ていくプロセスは「組織社会化」と呼ばれます。

組織社会化の研究が蓄積されるにつれて、他の組織でいったん組織社会化された人が、転職などによって別の組織に参画し、新しい組織における役割、知識、規範などに馴染んでいくプロセス、すなわち「組織再社会化」にも注目が集まり、研究が発表されるようになります。

組織再社会化の研究ではまず、新たな職場にうまく組織再社会化した転職者は、新たな職場をより良いものにする行動をとることがわかりました。一方で、組織再社会化は組織社会化と比べて難易度が高いことも明らかになっています。転職者は、新しい組織に入ったときの緊張状態を周囲に理解してもらいにくく、役割、知識、規範などを学ぶための猶予が与えられないからです。

さらに、訓練の機会がほとんどないにもかかわらず、前職と同程度のパフォーマンスを期待され、周囲の支援も自ら働きかけて獲得することが求められる。こうした中途採用者を取り巻く環境は、新人研修やメンター制度など、学習の時間的猶予が与えられている新卒者と対象的です。

では、企業側はどのように転職者の組織再社会化を促せばいいのでしょうか。

そこで重要になるのは上司によるモニタリング＊やフィードバック＊です。「ちょっと見せてください」「ここはこうしたほうがよいですね」など、声掛けや指摘をすることが組織再社会化の鍵となります。

＊モニタリングとは、業務進捗や現状を定期的に把握すること。一方、フィードバックとは、上司や同僚などの周囲から本人に対して行われる情報提供である。フィードバックは通常、行動を軌道修正したり、動機付けたりするために実施されることが多い。

モニタリングやフィードバックについては、「前職で高い成果を挙げている人材に対して失礼」と感じたり、「実力がある人に、そのようなことは必要ない」と感じたりする人もいるかもしれません。しかし、転職者のなかには、能力が低いと思われることを恐れて、自発的にフィードバックを求めない人もいる。実際、転職者は同僚からの支援に負い目を感じるという調査結果もあります(これは日本企業に限った話ではなく、米国の研究者、ダニエル・フェルドマンも、転職者はフィードバックを回避する傾向があると指摘しています)。そのため、上司がフィードバックしなければ、いわゆる〝お見合い状態〟になって、事態が悪化します。

なお、立教大学の中原淳*教授は、組織再社会化の課題を四つにまとめています。

*立教大学経営学部教授で、専門は人材開発論・組織開発論。「大人の学びを科学する」をテーマに企業における人材開発・組織開発を研究している。

一つ目は「人脈学習課題」と呼ばれるもので、業務について誰に何を相談すればいいかを理解するために社内人脈を学ぶこと。二つ目は前職で習得した経験のうち、新しい組織で通用しないものを棄却すること。これは、「学習棄却=アンラーニング」と呼ばれます。三つ目は「評価基準・役割学習課題」で、新しい組織ではどのような考え方や行動が適切とされ、自分の言動がどう評価されるかを理解すること。そして最後は、新しい組織で職務を遂行するためのスキルの獲得です。

組織再社会化を促すには、転職者がこれらの課題をクリアするための支援が求められるのです。

■「人脈学習」支援のほか、評価がプレッシャーになるのを避けるといい

では、企業は転職者の組織再社会化を促すため、どのような支援をすればいいのでしょう。

転職者が直面する課題のうち、克服が難しいのは「人脈学習」です。モニタリングやフィードバックをすれば、アンラーニングや評価基準・役割学習、スキル獲得は可能になります。しかし、社内人脈は本人だけの努力では増やせないからです。

実際、リクルートの人事部在籍時に、転職者の退職理由を調査したときにも、人脈学習課題が原因で退職したケースを多く見ました。退職者は口々に、「この会社はどこをどう押せば動くかがわからなかった」と言っていたのです。営業人材は個人の努力で成果を上げられるため、定着率は悪くなかったのですが、コンサルティングファームなどからの転職組で企画職に就いた人は、あまり定着しませんでした。

新卒入社組は通常、時間をかけて、社内でハブとなる人材やキーパーソンを理解していきます。一方、中途入社組はそうした人がわからない。早急に結果が求められているにもかかわらず、〝根回し力〟や〝巻き込み力〟をすぐに発揮できないのです。

当時は、こうした問題を解決するため、中途採用組にも同期会を作り、新卒の同期ネットワークと結び付けるなどの対策を打ちました。また、上司に対して社内人脈のハブとなる人物を紹介するように働きかけたこともあります。これは、リクルート以外でも、新卒採用中心型の大企業などで行われている取り組みです。

またある大手物流会社では、新卒採用者の評価項目として人脈学習能力を見ているそうです。つ

まり、真のステークホルダーを発見して、先回りして彼らの同意を得るように働きかけ、スムーズに物事を進められる力を重視している。

組織再社会化を促す上では、自社の組織文化に対する理解を深める取り組みも重要になります。そのため、一部の企業は、中途採用者向けに会社説明会を実施することで、自社の経営理念や行動規範をインプットしています。

中途入社組については、入社後の半年から1年間は評価しない、あるいは成果を上げればプラス評価するが、上げられなくてもマイナス評価しないと決めている会社もあります。入社後半年ほどは、評価自体がプレッシャーになるからです。

ただ、営利企業である以上、仕事仲間としての信頼関係を構築するために、一定の成果を挙げなくてはなりません。その意味では、「シュリンク・トゥ・グロー」、つまり一つ下の職位で入社して、成果を上げてから本来の職位に昇進するというアプローチもお勧めできます。たとえば、後輩から「部長級で採るつもりだと転職先に言われた」とキャリアの相談を受けたときに、「最初は課長で入り、半年後ぐらいに部長になればいい」と勧めるのです。

経験上、最初から部長として入れば、周りが「お手並み拝見」となってしまうことが多い。その結果、十分に活躍できずに会社を去ってしまうケースを数多く見てきました。であれば、あえて下の職位で入社して、成果を出してから昇進させてもらうのです（部長級の人材が一つ下の職位で入れば成果を出しやすいでしょう）。

ただ難しいのは、会社を変革するために入れた人材の扱いです。

そもそも中途採用を採る企業の目的は大きく、「足りないスキルを補充する」と「新しい考え方を導入して会社を変える」の二つ。つまり、求められているのは穴埋め人材と変革人材です。このうち、穴埋め人材については、早く会社に馴染んでもらい、期待する成果を上げてもらえばいいため、純粋に組織再社会化を促せばいい。

一方、変革人材としてパフォーマンスを発揮してもらう場合、どのように受け入れるかが難しい。変革人材が組織に馴染み過ぎると、「会社を変える」という本来の役割を果たせないからです。とはいえ、ある程度は組織再社会化して、人脈学習課題を解決できなければ、組織の動かし方がわかりません。

変革人材については組織再社会化のバランスを本人が悩んでいるくらいの状態に置いておくのが良いのかもしれません。

【バイアス③】 カルチャーフィットは、最も重視するべき採用基準だ

【カルチャーフィット】

カルチャーフィットとは、「組織文化」と「社員の性格（パーソナリティ）」の相性が合っている状態を指す。一般にカルチャーフィットしているほど、その会社に入社した後、パフォーマンスを上げやすいと考える人が多い。そのため、多くの企業が、新卒、中途の採用にあたり、「採用候補者が自社の組織文化と合うか」を採用基準の一つとして使っている。

■カルチャーフィットは組織マネジメント上、有効に機能するのか

現在、多くの企業が採用などの場面で組織文化と個人の性格の相性である「カルチャーフィット」を非常に重視しています。カルチャーフィットする人は活躍できるので、企業の業績にもプラスに働くと考えているのです。

その傾向が特に顕著なのが、スタートアップ企業。新卒採用はもちろん、中途採用においても、カルチャーフィットしなければ採用しないという判断をする企業も珍しくありません。

では本当に、カルチャーフィットは組織をマネジメントする上で、有効に機能するのでしょうか。

まず、大企業の新卒採用においては疑問です。職場単位で採用する中途採用はともかく、新卒採

用の場合にはどの部署に配属されるかわかりません。そして大企業は、部門によって組織文化が異なることも珍しくない。つまり、人事担当が考える自社の組織文化と、配属先の組織文化がまったく違うかもしれないのです。

実際、ある大手ＩＴ企業で部門による組織文化のばらつきを調査したところ、部門ごとにまったく文化が異なっていました。違う部門への異動は、組織文化のまったく異なる会社への転職とほぼイコールだったのです。

これは、顧客の違いが大きいのかもしれません。Ｂ２Ｂ企業の場合、顧客が違うと、求められる行動規範や価値基準が変わり、同じ会社でも部門ごとに組織文化が変わってくる。このような企業において、カルチャーフィットを重視した新卒採用はあまり意味がないでしょう。

逆に、規模が小さく、ビジネスモデルが単純であれば、カルチャーフィットは有効かもしれません。求められる行動規範や価値基準にそれほどブレがなく、社員が同じ方向に向かうのが望ましいからです。だからこそ、スタートアップ企業ほど、カルチャーフィットを重視するのでしょう。

ただ、スタートアップ企業で注意したいのは、経営者が理想とする組織文化と現在の組織文化が異なるケースです。スタートアップ企業のトップは理想主義的な人が多く、そうした経営者は理想とする組織文化に合った人材を採用しようとします。

ただ、経営者は未来を見ているのに対して、現場は現在の業務を回すことを見ている。そのため、そうした人材を現在の組織に配属すれば、多くの場合、組織文化とフィットせず、活躍できない可能性も高いでしょう。

このように理想と現実のギャップによって、採用に失敗するケースは珍しくありません。

■カルチャーフィットは職場満足や積極性にプラスに働く

組織文化と個人の適合性に注目した研究によれば、「社員が理想とする組織文化」と「現実の組織文化」とのギャップ大きいほど、組織への愛着や一体感といった情緒的コミットメントが低下し、組織の未来に対して悲観的になりやすいことがわかっています。

また、「現在の組織文化」と「社員の性格（パーソナリティ）」との相性も研究されています。研究によれば、ヒエラルキー構造で責任と権限が明確になっている「官僚的文化が根づいた組織」において、「支配欲求の強い社員」が働く場合、離職率が低下するだけでなく、職場の満足度や仕事への積極性や主体性が高まります。

あるいは、スタートアップ企業に象徴されるようなイノベーションやリスク・テイキングを積極的に促す「革新的文化の組織」と「目標達成志向の強い社員」の組合せ、相互補助の意識が強いアットホームな「支持的文化を基盤とした組織」と他者との友好的な関係を保ち維持したい「親和欲求の強い社員」の組み合わせは、職場満足度を高める傾向があり、それに伴って離職意思が芽生えにくいこともわかっています。

このように、カルチャーフィットは職場満足や組織への愛着や一体感にプラスに働きます。特に、離職率を下げる上では、組織文化と性格の適合性が極めて重要になるでしょう。

ただし、積極性や離職率にプラスに働いても、カルチャーフィットが個人のパフォーマンスや組織の業績にプラスに働くという一貫した結果は出ていません。つまり、メンバー同士は仲が良くて、職場としての居心地は良いが、組織としては活性化していないこともあり得るのです。

■イノベーションはカルチャーフィットしない人から生まれる

カルチャーフィットは、スタートアップ企業など規模の小さな企業において、離職を抑え、組織への愛着や一体感を高めることは間違いなさそうです。一方で、業績にプラスに働くとは限らない。なぜでしょうか。

それは、組織文化と適合していない人こそ、イノベーションの種子を生み出す存在だからかもしれません。新しいアイディアやイノベーションというのは、現状に違和感を覚える人から生まれやすい。職務や職場に馴染み過ぎる人は、市場やマーケットに目がいかなかったり、組織から外れることを避けたりするからです。

その意味では、これまでとまったく異なる商品やサービス、事業が必要な大企業などにおいて、既存の組織文化と違う人を雇うことは今後さらに重要になっていくでしょう。最近、ＩＴ企業だけでなく回転寿司チェーンなどが、「エグゼクティブ新卒採用＊」や「新卒の年収が１０００万円」と高額の年収を保証して、いわゆる有名大学出身の幹部候補生や技術エリートを採用しようとしているのも、こうした流れの一環でしょう。

＊エグゼクティブ新卒採用とは、経営幹部候補だけを想定した新卒採用のこと。非常に高い報酬での雇用となるため、期待に見合った成果を出せなければ年収が下がる仕組みとなっていることが多い。

こうした採用は、経営者主導で行われることがほとんどです。ただ多くの場合、経営者の理想に下の層は付いていけません。そのため、カルチャーフィットしない人を既存の組織に配属すれば、企業内で嫉妬や足の引っ張り合いが起こるでしょう。そして、せっかく入れた優秀な人材はパフォーマンスが上がらずに辞めてしまう可能性が高い。

彼らに活躍してもらうには、彼らが自由に活動できる環境を整備する必要があります。たとえば、独立した部門に配属する、部門が入るオフィスを既存部署と分ける、経営層が積極的にサポートするなどの手段が考えられるでしょう。

このように、人材採用と職場環境に注意を払って初めて、離職を抑え、組織への愛着や一体感を引き出しながら、個人のパフォーマンスや企業の業績を伸ばすことが可能になるのです。

【バイアス④】 採用基準・プロセスは、候補者にオープンにするべきでない

【意思決定プロセス】

「意志決定」とは、個人ないしは集団が課題を解決したり、目標を達成したりする際に解を導き出そうとする行為。個人や集団は最適解ではなく満足解を選ぶという研究もある。意志決定を行うプロセスは、その名の通り「意志決定プロセス」と呼ばれる。

■現場を経験していない人を採用担当にすることに意味はあるのか

現在多くの会社において、入社前の新入社員に対して、自分の入社動機を明確にするという内定者フォロー研修*が実施されています。内定者同士で入社動機を語らせたり、採用のパンフレットを新入社員に作らせたりするのです。志望動機を自ら語り、周囲と共有することで、「自分はなぜこの会社に入社したのか」を再認識してもらうのが目的です。

*新卒内定者においては、内定から入社までの期間が比較的長期となる。内定者フォロー研修とは、この期間に実施される、内定者の入社動機を維持し、向上させるための研修のこと。入社後の準備にもなっている。

当初、内定者フォローのために実施されていたフォロー研修ですが、最近は企業の採用力強化に

も利用されています。一部の企業では内定者が候補者集団の形成に一役買っているのです。リファラルリクルーティングを行っている企業には、内定者に「次年度の選考候補者」を集めてくるように競わせたり、紹介人数が多かった上位10人までを豪華ディナーに招待するなどの特典を付けたりする企業もあるほどです。

内定者に候補者集団の形成を任せるのは、彼らが一番期待に胸を膨らませているからです。自ら選んだ選択肢が合っていると考えたい彼らは、自分がまだ入社していないからこそ「良い会社だから入りなよ」と純粋に勧められる。入社して働き始め、入社前の期待と入社後の現実とのギャップに衝撃を受けた後では、知り合いを自社に紹介しようというモチベーションが生まれにくい。だからこそ、内定直後のタイミングがいいのです。

入社当初から採用担当者となり、現場経験を積んでいない「採用プロパー」が採用を担当する企業もあります。たとえば、リクルートやサイバーエージェントでは、現場を1回も経験せずに最初から採用担当になる人が一定数存在するようです。彼らはあまり現場を知らないために純粋であり、それゆえ口説く力が強い。一方、現場を経験した人は「絶対に来たほうがいいよ」とは誘いにくい。現場でつらい場面やきつい状況を経験しているからです。だからこそ、あえて現場を経験していない人を採用担当にすることにも一定の意味があるのです。

新卒採用については、現場を経験した人がやるべきか、採用プロパーが担当すべきかについて、企業によって意見が分かれています。

■採用活動では、意思決定の基準を選択する段階で働きかけることが重要になる

学術界では、求職者による職業選択の意思決定プロセスについて研究されています。研究によれば、求職者は二つの方針に基づいて意思決定するそうです。

一つは「特定の基準に基づいて選択肢を絞り込む」もの。たとえば「業界で絞り込む」というやり方がこれに該当し、「認知負荷*」が比較的低いと言われています。

*ニューサウスウェールズ大学教授のジョン・スウェラーによって提唱された概念。短い時間の間に情報を保持し、同時に処理する能力はワーキングメモリー（作業記憶、作動記憶）と呼ばれるが、認知負荷とは、このワーキングメモリーに対する負荷のこと。

もう一つは、「詳細な相互比較を繰り返して意思決定を下す」というもので、こちらは認知負荷が比較的高い。求職者が入社を意思決定するにあたっては通常、この二つの方略に基づいて意思決定することになります。

意思決定に用いる「情報」の影響についても研究されています。職業選択の前半では自分に関する情報に基づいて意思決定し（いわゆる自己分析に相当します）、後半では労働市場（企業）に関する情報をもとに意思決定することが明らかになっています（いわゆる業界・企業研究に相当します）。キャリアセンターで催される就活イベントでも、最初のうちは自己分析セミナーなどが行われ、その後、徐々に業界や企業の研究へと比重が変化していくパターンが多く見られます。どこまで意識されているかはわかりませんが、こうした流れの背景にも、研究の裏付けがあるのです。

そして、企業が採用上の競争に勝つには、自己分析（前半）の時点では自社にとって有利な基準を求職者が選ぶように働きかけ（たとえば、業界が不人気の場合には業界以外の基準を提供する）、業界・企業研究（後半）の時点では競合となる企業に対して自社が優れている点をアピールすることが重要になります。

■できる限り、自社の採用基準や採用プロセスはオープンにすべきだ

求職者にとって就職活動は、「書類や面接といった限られたアピール機会しか与えられないなかで、見ず知らずの人間に自分を値踏みされ、人生を左右するような判定が下される」という極めて特異なシチュエーションです。「面接が苦手」「就職活動に積極的に取り組もうと思わない」という人がいても、何ら不思議ではありません。採用担当者は、「就職活動意識は低いが、自社に合う優秀な人」がいることを強く認識する必要があるでしょう。

では、求職者に対してどのような情報を提供するべきでしょう。中位校以下のボリュームゾーンの学生に対して採用活動を実施するのであれば、できる限り自社の採用基準や採用プロセスをオープンにするべきだと思います。オープンにすることで、どのような行動をとれば良いかがわかり、求職者が職業選択行動をとりやすくなるからです。

オープンにするのは、エントリーシートを送付した後の面接の回数、書類や適性検査、そして面接の判断基準、絞り込みのタイミングなど、ほぼすべてのプロセスに関する情報です。オープンにすればするほど、求職者は良質な職業選択行動を取れるようになるでしょう。その結果、企業側も

自社に合った応募者が来る可能性も高まります。

不人気業種の場合、就職対策セミナーと企業説明会を組み合わせて提供してもいいでしょう。そのほうが学生もメリットを感じるため、志願者が増えます。意思決定する上でのポイントなどもレクチャーした上で、「良ければ、うちの会社も受けてください」という流れを作るのです。

職業選択行動をあまりとっていない人が、必ずしも「能力が低い人材」とは限りません。就職活動に対する意識が低いものの優秀な人材と接点を持てれば、他社と競争することなく採用できるかもしれないのです（人気企業で、上位校以外の層に志願してほしくないのであれば、あえて採用プロセスをクローズにしておくという選択もあるのでしょうが……）。

最近、学生の意思決定を支援するサービスも増えています。とりわけ新興の新卒採用エージェント*は、主に中位校以下をターゲットにして、どのような判断基準で企業や職種を選択するべきかを一緒に考えるなどの支援を実施しています。また、多くのＩＴ企業が「ミートアップ*」という、学生と企業が直接会えるイベントを開催し、就職活動量が少ないエンジニア人材と企業との接点を提供しています。研究室訪問は大手企業が中心で、中小企業はなかなか機会が持てないなか、ミートアップのような場は、中小企業が優秀な理系人材に対して、自社の情報や業界の情報、先端技術の動向などを提供する役割を担っているのです。

＊新卒採用エージェントとは、新卒採用向けの人材紹介会社のこと。新卒学生を対象に、キャリア相談に乗り、エントリーシート添削、模擬面接などを行うことで就職活動をサポートしつつ、様々な求人を紹介している。
一方、ミートアップ（Ｍｅｅｔｕｐ）とは、元々２００２年に米国の「ミートアップ社」によって開始された

プラットフォームサービスだったが、近年、同様の仕組みを企業の採用活動に活かす取り組みが、IT系のベンチャー企業を中心に広がっている。

【バイアス⑤】早期離職を抑えるため、リアリティショックは避けるべきだ

> **【RJP（Realistic Job Preview）】**
> 「RJP（現実的な仕事情報の事前開示）」とは、採用時にネガティブな情報も含めた現実的な仕事内容・環境を告知することを指す。採用されて間もない社員が、「入社前の期待と入社後の現実とのギャップ＝リアリティショック」に苦しみ、「こんなはずではなかった」といった不満から辞めてしまうケースは珍しくない。このような早期離職を抑制するため、候補者には採用段階から実際の仕事内容や社風、福利厚生や職場環境など、会社の良い面と悪い面を洗いざらい開示し、それに納得した候補者群から選抜するという考え方が生まれた。

■リアリティショックは、絶対に避けるべきか

これまで、多くの企業では入社前の求職者にネガティブな情報を開示してきませんでした。しかし昨今、こうした常識が変わりつつあります。採用時に、ポジティブな情報とネガティブな情報を一緒に伝えることで、よりリアルな職場像や仕事像を理解してもらうようになっているのです。こうした行為は一般に、ＲＪＰと呼ばれます。

元々採用活動においてポジティブな情報を伝えることに強く動機付けられている企業が、ＲＪＰ

を実施するようになった背景には、「リアリティショック」と「ジョブ型採用*」に脚光が当たってきたことがあります。リアリティショックとは、新しく入ってくる社員が理想と現実のギャップにショックを受けて、悩んでしまう状態。ちまたで新入社員の「五月病」（最近では「六月病」とも呼ばれます）と呼ばれるものも、リアリティショックの一種と考えられます。リアリティショックは、ある意味、新しい人材が組織に馴染んでいく過程で生じる副作用でしょう。

＊職務（ジョブ）や勤務地などが限定された雇用契約を前提とする人材採用。職務記述書（ジョブディスクリプション）を作成するなどして職務要件を明確にし、採用選考過程では、主にスペシャリストとしての専門性を評価する。対義語は、メンバーシップ型採用であり、社員を特定分野のスペシャリストとしてだけでなく、あくまで組織の一員として企業に迎えることに特徴がある。メンバーシップ型採用では、事前に職務が特定されておらず、また異動も伴う。

一方、ジョブ型採用とは、担当業務の内容が明確になっている状態で入社してもらうことです。ポストがある程度決まっている状態で採用するのであれば、ポストに関する情報をできるだけ正確に内定者に伝えることが重要になります。ジョブ型採用は、以前から米国では一般的でしたが、日本でも中途採用で増えてきており、一部新卒採用での導入を議論している会社も現れています。

ではなぜ、リアリティショックとジョブ型採用への注目が入社前の求職者にネガティブな情報を開示することにつながるのでしょう。まず、リアリティショックが大きすぎると早期離職を誘発します。またジョブ型採用の場合、ポストに関する入社前の説明と入社後の現実に乖離があると問題になります。米国のような契約社会では、あまりに食い違えば訴訟に発展するリスクさえあるでしょう。つまり、ショックを和らげて早期離職を抑制したり、互いの思い違いを避けたりするためにＲＪＰが使われているのです。

ＲＪＰを行う際に重要なのは、厳しいことをきちんと伝えながらも、意欲をかき立てるようにすることです。たとえば、自分の能力に自信を持っている人であれば、「ＮＯ」と返すと負けたように感じるように投げかける。「この部署での仕事には大変な部分もありますが、あなただったらできると思う。どうですか？」と尋ねられると、勝ち気な人は「わかりました。頑張ります」と答えたくなります（もちろんこれは、そんなに簡単なことではなく、一種の高等テクニックかもしれませんが……）。

とはいえＲＪＰも、万能ではありません。実態を伝えたところで、求職者の思い込みを変えられない可能性もあります。事前にネガティブな情報を開示して求職者自身に確認したところ、「大丈夫です」という答えが返ってきた。しかし実際に入社してみると、「無理でした」「耐えられません」という状況になることもあるでしょう。別段、求職者が嘘をついていたわけではありません。自分自身、大丈夫だと思い込んでいたのです。

具体例をあげましょう。ある不動産会社では、営業として入社する新入社員に毎年、必ずＲＪＰを実施しています。その会社は、厳しい営業スタイルで知られており、その現実を突き付けずに入社させると、早期離職者が続出するためです。にもかかわらず、実際に入社させると、「厳しすぎて無理でした」と退職していく社員が少なからず発生します。

どんなにＲＪＰを実施したところで、実際に働いてみないとわからないことは多い。あらゆる会社において、多かれ少なかれリアリティショックは起こり得るのです。

■RJPは早期離職の抑制に効果がある。ただし、その効果は限定的

RJPによる採用理論は、米国の産業心理学者ジョン・ワナウスが提唱しました。RJPについては様々な研究が行われていますが、「RJPが早期離職の抑制に効果がある」という研究結果が多い。ただし、その効果は限定的であることもわかっています。RJPの実施は、リアリティショックによる早期退職を防ぐ上で、少しの効果があるに過ぎないのです。

何にリアリティショックを感じるかによっても、その効果が左右されます。仕事内容にリアリティショックを感じると、組織への一体感や愛着が抑制される。また、仕事内容よりも人間関係に関するリアリティショックのほうが影響は大きい。そのため、人間関係にリアリティショックを感じると、結果的に集団に馴染めず、仕事を覚えられません。入社早々、「仕事が自分に合っていない」と退職を申し出た人によくよく話を聞いてみると「同じ職場の○○さんからひどい対応をされた」「部署全体がギスギスしていて息が詰まった」など、実は人間関係に原因があるケースも少なくないのです。

リアリショックの感じ方も、人によって変わります。たとえば「楽観的に考えていたが、実際の仕事は思ったよりも厳しかった」と感じる人もいれば、「厳しい環境で自分を磨きたいと思っていたのに、実はぬるい職場だった」と感じる人もいる。一概に「楽な職場」が求められているわけではない点も、RJPの難しさかもしれません。

なお、研究においてRJPが離職をあまり抑制しない理由の一つに、本来であればRJPに含まれいても不思議でない「作業シミュレーション」などが対象外となっていないことがあります。作

業シミュレーションとは実際の仕事を体験してもらうことであり、これもＲＪＰに含めれば、早期離職防止効果が高まる可能性があるでしょう。

■日本では昔から実施してきたが、必ずしもＲＪＰは必須でない

新卒採用中心の日本の企業では、実は以前からＲＪＰを実施してきたと捉えることもできます。「ＯＢ・ＯＧ訪問」が自然なＲＪＰの機会になっているからです。母校の先輩が職場の良い面も悪い面も現場目線で話すため、求職者は信頼性の高い情報を入手できる。また最近は、「リクルーター制度＊」や「スカウト型採用＊」「リファラル採用＊」なども増えているので、企業サイドが好むと好まざるとにかかわらず、ＲＪＰの機会が増えていると言えるでしょう。

＊リクルーター制度とは、現場社員が新卒採用活動に関わる制度。役割を担う現場社員はリクルーターと呼ばれる（ちなみに、英語でリクルーターと言うと、採用担当者のことを指す）。リクルーターは、採用活動のマンパワー補充という側面だけでなく、現場社員のOB・OGとしての学校・研究室とのつながりを活用できたり、現場にいるからこそより実態に即した情報提供が可能となったりする点もメリットとしてあげられる。スカウト型採用とは、広く公募し候補者からのエントリーを待つ従来の採用手法（オーディション型採用と呼ぶ）とは異なり、企業側から自社に合う候補者を探し、動機付けしていく採用手法。日本ではダイレクトリクルーティングとも呼ばれる。そして、リファラル採用は、ダイレクトリクルーティングのうち、自社の社員や内定者からの紹介・推薦によって候補者を集める採用手法。リファラル採用では、紹介を受けた後に、適性・スキルをチェックし、選考することが特徴。紹介者の親族・血縁関係者を中心に紹介を受け、自社や職務への適性に関わらず採用を行う縁故採用やコネ採用とは似て非なるものである。

ただ、すべての企業において、「リアリティショックは避けるべき」「ＲＪＰは必ず実施するべき」と考えるのは早計です。そもそも、採用の目的は必要な人材を採り、活躍してもらうことです。新入社員のショックを最小化することではありません。

安定している企業であれば、リアリティショックを最小化することが早期退職の抑制に一定の効果を発揮するため、ＲＪＰを実施するべきかもしれません。一方、成長企業では、ＲＪＰを実施したところでリアリティショックは起こりやすい。この傾向は企業の成長速度が早いほど顕著です。企業の実態が刻一刻と変化していくからです。そのため重要になるのは、リアリティショックが起こることを前提とした採用活動となります。

では、経営者や人事担当者は求職者にどのように自社の実情を伝えればいいでしょう。ＲＪＰの実施について聞かれたとき、筆者は婚活パーティーにたとえて説明します。最初の自己紹介で「私には借金が５００万円あります。よろしくお願いします」と伝えれば、どんな人でも「この人はないな」と候補から除外するでしょう。でも、最初は「動物が大好きで、犬を飼っています」といった挨拶から入り、会話を重ねて、盛り上がってきたら「実は……、事業に失敗して、５００万円ほど負債があります」と告白すれば、同じ話でもまったく印象は変わります。ちょっと伝え方の違いで「この人を好きになるなんて、絶対あり得ない」から、「何か事情があったに違いない」と親身になってくれるかもしれません。

また、社内の対人関係についてのリアリティショックは、ある程度避けられないことも覚悟しておきましょう。誰が上司になるかによって対人関係は大きく変わるからです。特に数千人・数万人規模の企業になると、入社前に上司が判明しているケースは稀です。上司との相性が悪ければ、事前に伝えた会社の雰囲気が「嘘」と感じる人もいるでしょう。大切なのは、避けるべきリアリティショックと避けられないリアリティショックとを分けて考えることです。

筆者は、社員それぞれが持つ〝夢〟の総量によって、その会社の未来のスケールや将来性が決まると思っています。「夢は99％実現しない。でも、夢を見なければ、１００％実現できない」という言葉の通り、経営者や人事担当者は、採用段階では「会社のビジョン」や「理想の職場」を語る必要があります。このビジョンや理想を、パフォーマンスの高い社員ほど覚えているからです。

そして、リアリティショックを受けた人のほうが後々活躍する確率は高いという調査結果もあります。採用時に惹かれたビジョンや理想を心に刻み、リアリティショックを受けても、「現状を変えることで、自分がこの会社のビジョンや理想を実現しよう」と試行錯誤を続けるからです。経営者や人事担当者にとって重要なのは、社員が困難を乗り越える際の指針となるビジョンや理想を、入社前後にしっかりと伝えていくことではないでしょうか。

採用活動には、ある種の〝口説き〟が必要です。しかしながら、最近「口説ける人事が減ってきた」という経営者やベテラン人事担当者の声を聞くことも多くなってきました。リアリティショックを恐れて、ＲＪＰを過度に実践することが、本当に会社の将来性を高めるかを考えるべきです。きちんと真実を伝えた上で、うまく口説く。そのようなバランスの取れたＲＪＰが求められています。

【バイアス⑥】 自分をよく見せようとする人は、採用するべきでない

【社会的比較】

「社会的比較」とは、社会心理学の分野で数々の業績を残したレオン・フェスティンガーが提唱した理論。同理論によれば、人は自身と他者を比較することで、社会における自分の立場や、集団における自身の能力などを評価できるようになる。評価する際の視点には、自分よりも優れた他者を比較対象とする「上方比較」と、自分よりも劣った他者を比較対象とする「下方比較」がある。

■話を盛る人、話に一貫性がない人は信用できないのか

人事の世界には、「自分をよく見せようとする人間は信用ならない」と口にする人が少なくありません。

これは人事担当者によく見られるパーソナリティ、すなわち公正であること、誠実であることを良しとする性格も影響しているのかもしれません。面接の場面などで、多くの人事担当者は、自分を飾ろうとする人、自分を大きく見せようとする人を「不誠実」と見なします。「事実を聞き出し、事実から判断する」という面接の原理原則に忠実な人事担当者ほど、「話を盛る」ことに対する嫌

悪感も強いのです。

たしかに、明らかな経歴詐称がある人なら「信用ならない」と判断されても仕方がありません。度を過ぎて話を盛り過ぎるのも困りものです。仲間に対する不信感はチーム内のコミュニケーションに悪影響を及ぼし、チーム全体のパフォーマンス低下にもつながるでしょう。

一方で「面接など自分をアピールしなければならない場面では、少しくらい盛っても構わない」と考える人も少なくありません。嘘にも〝良い嘘〟と〝悪い嘘〟があって、「自分の想いを熱く伝えたい」「自分に興味を持ってもらいたい」「自分の話を楽しんでほしい」という、熱意やサービス精神に基づく嘘であれば、必ずしも悪いとは言えないと考えられるからです（実際、誰しも、多少は話を盛った経験があるはずです）。

話の一貫性にこだわりすぎるのも考えものです。筆者は、面接官のトレーニングを担当する機会が多いのですが、ある採用候補者について他の面接官は一様に高く評価するなか、「この人はダメです」と断じる面接官に遭遇するケースがあります。彼らが問題にするのは、話の一貫性です。低く評価する理由を尋ねると、「『なぜ高校でラグビー部を選んだのか』と『なぜ大学で心理学を学んだのか』について、具体的な理由を尋ねたが、答えに一貫性がなかった」などと答えるのです。

そうした言葉を聞くたびに、「そう言うあなたの行動は、すべて一貫していますか」と言いたくなります。一貫性はたしかに評価するべき要件の一つかもしれません。一貫していれば、話もわかりやすいでしょう。しかし、人は、葛藤や矛盾を抱えた状態で様々な選択をする存在です。一貫性にこだわり過ぎれば、他の大切な要素を見落としてしまう可能性があるのではないでしょうか。

そもそも経営者は、当たり前のように朝令暮改します。一貫性という尺度で見れば、おそらく「アウト」の人ばかりでしょう。

話を盛ること、話に一貫性がないことは、必ずしも悪いとは言えないはずです。

■自分を良く見せようとする動機は、実は三つに分類できる

自分をよく見せようと、話を盛ったり、嘘をついたりする行為の背景にある動機は、「目標志向性」に関する諸研究などから理解できます。

目標志向性についてはこれまで様々な形で研究が行われており、多様な知見が蓄積されています。ここでは、友人関係を構築する場面など、対人関係における傾向を、目標志向性の観点から検討した日本の研究を見ていきましょう。

同研究によれば、対人関係における傾向は大きく、自らの成長を求める「①経験・成長目標」、良い評価を得たい「②評価・接近目標」、悪い評価を避けたい「③評価・回避目標」という3つの目標志向性に分類でき、それぞれ行動や態度に顕著な特徴が現れます。

採用面接とは、企業も個人も互いに自身をアピールする場面であり、それぞれが自らをよく見せるように動機付けられています。この点を考慮すると、「話を盛る」「嘘をつく」といった行為が、これら3分類のうち、評価・接近目標型であれば必ずしも問題視しなくていいことがわかります。ポジティブな動機に基づく、自分をよく見せる行為は、コミュニケーションの活性化や評価を求める努力につながるからです。

こうした動機の違いは、米国の心理学者、レオン・フェスティンガー*が提唱する「社会的比較」からも理解できます。

＊レオン・フェスティンガーとは、米国の心理学者。「社会心理学の父」と呼ばれるクルト・レヴィンにアイオワ大学で学び、認知的不協和理論や社会的比較理論の提唱者として知られる。

①経験・成長目標

・自分と違う人と関わり、成長したい
・抑うつを抑制

②評価・接近目標

・自分の性格について、良い評価を得たい
・抑うつを抑制

③評価・回避目標

・自分の性格について、悪い評価を避けたい
・抑うつを「促進」

図｜友人関係を構築する場面における目標志向性

この理論で言われているのは、社会的動物である人は周囲の人々と自分を比較することで、集団における自分の「位置」を確認しようとするということです。その際、自分よりも優れた他者と比較する「上方比較」、自分よりも劣った他者と比較する「下方比較」という二つの視点を人は用います。

上方比較は、「自尊感情＝自分自身を価値ある者だと感じる感覚」が高まっている状態や「自分をもっと向上させたい」というポジティブな動機付けができている状態のときに行われます。「上には上がいる。もっと頑張ろう」と目標を高く設定し、自分を律するため、結果とし

てパフォーマンスが向上します。

一方、下方比較は、自信を失った状態、自己肯定感が低下した状態のときに行われ、自分よりも「劣っている」人と比較することで自尊心を回復させようとします。そして、下方比較の傾向が強まるとパフォーマンスが低下するのです。

先ほどの友人関係に関する研究と社会的比較理論を合わせて解釈すると評価・接近目標は上方比較の傾向が強く、評価・回避目標は下方比較の傾向が強くなる可能性は高いと思われます。

なお、上方比較を選択することが多い人もいれば、下方比較を選択することが多い人もいます（これは、資質に由来したり、環境で変容したりします）。上方比較、他方比較は固定された心理特性ではなく、置かれた立場や局面により変化するのです。

■人を判断するにあたっては、行為の背景にある動機を理解する

以上のことを踏まえると、「自分をよく見せようとする人材」を単に「信用ならない」と捉えるのは得策とは言えません。

人事担当者が「自分をよく見せようとすること」を嫌うのは、そうした姿勢に他責志向や失敗を隠す傾向が見え隠れするからでしょう。しかし、上方比較して話を盛る人もいます。その場合の動機は、決して悪いことではないのです。

こうした人は、たとえ嘘をついても、周囲から失望されないよう努力したり、能力を磨いたり、難しい課題をクリアしたりすることで、結果として嘘を本当に変えてしまうことさえあります。

問題なのは、失敗や自分の欠点を隠そうとする盛り方です。こうした人は往々にして、職場にトラブルを招きます。採用を避けたほうがいいかもしれません。

では、その人が経験・成長目標が高いのか、評価・接近目標が高いのか、評価・回避目標が高いのかは、どのように判断すればいいのでしょうか。

そこで重要になるのが、採用面接の質向上です。たとえば、採用面接で過去のエピソードで「人と関わって頑張ったこと」を聞いたとき、盛った話の背景にある動機を探る「なぜ盛ったのか」を繰り返し聞くことでその人の根っこを確認するのです。

このように、人を判断するにあたっては、「話を盛る」「嘘をつく」といった行為ではなく、その行為の背景にある動機に着目したほうがいいでしょう。採用の場面であれば、候補者の目標志向性、つまり行為の動機を理解することで、候補者の正しい理解につなげるのです。

【バイアス⑦】

就職活動で頑張っている人に、アプローチするべきだ

【自己効力感】

人は二つの「期待」を持つと言われている。一つは「こんな行動を取れば、こんな結果が起こる」という予期を示す「結果期待」。もう一つは「その行動を自分はうまく取れる」という自信を示す「効力期待」だ。二つの期待のうち、効力期待のことを「自己効力感」と呼ぶ。自己効力感は、スタンフォード大学のアルバート・バンデューラらが提唱した概念である。人が職業を選ぶ行動は「職業選択」と呼ばれるが、職業選択の研究における重要な概念が自己効力感となる。

■就職活動行動が増えれば、内定取得率は高まるのか

現在、多くの大学が学生の職業選択に関するサポートに力を入れています。しかし、同じようにサポートを受けた学生でも、内定取得率に差が生じる。成績や能力などに大きな差がなくても、内定取得率には差が見られるのです。何が原因なのでしょうか。

女子短大生を対象にした調査によれば、「職業選択自己効力感」の高い学生のほうが、就職活動終了時の内定取得率が高いそうです。「自己効力感」とは特定の行動に対する自信。自己効力感は職業選択研究の鍵となる概念であり、職業選択自己効力感とは、「自分はその職業を選択するため

に必要な行動をうまく取れる」と考えることを指します。

この調査で興味深いのは、職業選択自己効力感が高い人は内定取得率が高いものの、職業選択自己効力感が高いからといって職業選択に向けた行動が増えるわけではない点です。職業選択行動を多く取るほうが、内定は取りやすいはずであり、この結果は直感に反します。

ではなぜ、このような結果が出たのか。行動量が多くないにもかかわらず内定取得率が高いということは、おそらく良質な行動を取っているのではないでしょうか。やみくもに行動をするのではなく、たとえばキャリアや就職活動について周りの適切な人に相談し、どういう行動を取るべきかを理解することで、効率的に動けているわけです。

なお、行動量は労働市場の動向によっても左右されます。求人倍率が低い〝買い手市場〟では就職活動の行動量が増え、求人倍率が高い〝売り手市場〟では減ります。

売り手市場の就活生は12～13社ほどエントリーシートを送り、面接や適性検査を受けるのは7～8社というのが一般的です。しかしリーマンショック直後は、その2倍ほどにエントリーし、試験を受けていました。「希望する業種、会社に進めなかったらどうしよう」「どこにも決まらなかったらどうしよう」という逼迫感や危機感に突き動かされて、行動量が増えたのでしょう。

■自己効力感を高めるには四つのアプローチがある

内定取得率を上げるには、学生に良質な職業選択行動を起こしてもらう必要がある。そして、職業選択自己効力感が良質な職業選択行動につながる。では、どのように自己効力感を高めればいいのでしょう。

バンデューラによれば、自己効力感を高めるには、「①成功体験」「②代理的経験」「③言語的説得」「④情動的喚起」という四つのアプローチがあるそうです。

これら4項目のうち、③の言語的説得で得られる自己効力感は、一時的で、一定の期間が過ぎると低減します。本質的には、①の成功体験が最も効果的です。ただ就職活動では多くの成功体験を積むのは難しいため、まずは達成に至るまでの補助的な手段として言語的説得を使いましょう。

その後、小さな成功体験を得られるように働きかけます。具体的には「エントリーボタンを押す」「エントリーシートを書く」など、小さく前に進み続けることで自己効力感を高めていきます。

バンデューラによれば、自己効力感が高い人は自分の行動に自信を持っているため、その自己評価に見合った行動を取ります。「自分はできる」と思っているからこそやろうとする。これにより、人は自己一貫性*を保っているのです。


*自身の認知、信念、行動、態度、発言などに対して一貫していたいという心理。マーケティング分野において、しばしばこの原理を応用した手法が取られる。

職業選択行動を促す職業選択自己効力感は、変容可能であると研究者の間で言われています。変容可能だからこそ、進路指導などで介入することによって学生に変化を促しているのです。

①成功体験

その課題を実際に解決する
→小さなものでも良いので、成功体験を得る

②代理的経験

他者の行動を観察する
→ＯＢ・ＯＧから就活プロセス聞くなどして、「自分にもできそうだ」と感じる

③言語的説得

他者からの説得的な示唆を得る
→「あなたならできる」と言ってもらう

④情動的喚起

感情が揺さぶられる経験をする
→ワクワクする、ドキドキするなど

図｜自己効力感を高める四つのアプローチ

■企業にとっての狙い目は職業選択自己効力感を持っていない人

職業選択自己効力感に関する知見を自社の採用に活かすことは可能でしょうか。

求職者は、就職活動の行動量によって大きく三つのレイヤーに分けられます。「『どうせ受からない』と選考を受けようとしない無気力層」「『頑張って受けなきゃいけない』と奮闘する層」、そして「『どこかには受かるだろう』と2～3社しか受けない楽観層」です。新卒採用を実施する中小企業やベンチャー企業、有名でない企業にとって、狙い目なのは「楽観層」です。

現在の新卒採用は、6月の第1週～第2週あたりに大手の採用試験の山があり、その結果は試験から1週間以内に通知されます。つまり6月中旬～下旬にかけて、受けた企業から不合格の連絡をもらい、顔面蒼白になっている学生が世にあふれる。それまでは楽観的に、ある意味「夢を見てい

た」学生たちが、一気に夢から醒めて現実と向き合い、就職活動行動を増やすのです。

こうした学生を採用する上で有効なアプローチは二つ。まず、6月下旬以降に学生にアプローチすること。もう一つは、特に職業選択自己効力感の低い層にアプローチすることです。

たとえば、あるIT企業では、ITとは縁のなかった文系学生に6月中旬以降にDMを送っています。就職活動量を増やした就活生には、これが刺さる。一方で、「情報系エンジニアの選考なんて自分には無理」と思っている文系学生たちも多い。そのために、会社説明会や懇親会などに、文系出身の社員を参加させ、文系学生に「自分も選考を受けてもいい」という自信をつけさせる。これにより、文系出身の候補者群を拡大するのが、このアプローチの実践的な意義でしょう。

自社の選考に対して、職業選択自己効力感が高くない層に「縁がある」と思わせることが重要です。求職者側の視野を広げ、心理的な壁を越えさせるのです。

このように、人手不足が深刻化するなかで企業にはこれまで以上に採用プロセスを工夫することが求められるでしょう。

そもそも特定の課題に対する自己効力感の有無は、本人の能力とは直接強い関係はありません。能力が高くても自己効力感が低い人もいれば、能力が低くても自己効力感が高い人もいる。企業にとって、求職者の自己効力感を高めることで、一人でも多くの人に自社に応募してもらえば、採用の成功に少しでも近づきそうです。

【バイアス⑧】　採用の成功には、認知度向上が有効である

【特性的自己効力感】
「特性的自己効力感」とは、どのようなことに対しても「自分はその行動が取れるだろう」と感じられる意識を指す。特に新卒の学生にとって、職業選択は体験したことのない経験である場合がほとんどなので、特性的自己効力感の高さは有効に働くと考えられる。

■不人気企業や知名度の低い企業が採用で成功するにはどうすればいいか

採用の世界では一般に、入社しやすそうな会社ほど、志望度は下がると言われています。たとえば、かつて100人程度だった新卒採用数を現在500人近くまで増やしたある会社では、ターゲットとしている優秀人材の志望度や応募数が落ちているそうです。業界を代表する大手企業も、採用数を増やしたために「比較的楽に入れる企業」という位置付けとなり、就職人気ランニング上位には入らなくなっています。

こうした現象は、自分に自信のある人が「自分ならどこでも受かりそうなのに、誰でも受かる会社をわざわざ選ぶ必要はない」と思うために起こると考えられます。このように大量採用すれば、就職ブランドとしての価値は下がる。とはいえ、採用数は基本的に現場ニーズの積み上げや経営判

断によって決まるため、ブランドを守るために採用数を絞るわけにもいきません。そのため、大量採用が必要となる企業は採用戦略に頭を悩ましています。

そこでよく採られる戦略が認知度の向上です。たとえば、あまり知名度が高くないＢ２Ｂの大手メーカーなどは、上位校の理系学生が通学する駅に目立つ看板を並べています。学生が看板を毎日目にすることにより自然と認知度を高めるわけです。Ｂ２Ｂの大手メーカーがマス広告を打つのも、こうした動機が背景にあります。就活生がその会社に親近感を感じるようになれば、志望度も高まりやすくなります。

ただ、小売や外食といったＢ２Ｃのサービス業は「給料が低く、労働環境も苛酷」というイメージから、知名度は高くても不人気企業であることが多い。学生の人気・不人気は、業界による格差も大きいのです。では、不人気業界の企業や知名度の低い企業が、採用を成功させるにはどうすればいいのでしょう。

そこで注目に値する概念に「職業選択自己効力感」があります。職業選択自己効力感とは「自分はその職業を選択するために必要な行動をうまく取れる」と考えることです。これを高めることで、自社に対して「縁がない」と思っている層、職業選択自己効力感を持っていない層に「縁がある」と思わせるのです。

ただ、職業選択自己効力感の高さは、学歴によって左右されがちです。基本的に上位校の人は職業選択自己効力感が高い。上位校の学生は、ＯＢ・ＯＧがさまざまな企業で活躍しているために代理経験*が豊富です。「一流大学だから、どの企業も入れるよね?」と言われる機会も多いでしょう。

このように、上位校の就活生は職業選択自己効力感が高まりやすいのです。

＊代理経験とは、自分以外の他者による何らかの達成や成功を観察することで、文字通り〝代理的に〟経験を得て、「自分にもできそうだ」と感じることを指す。代理体験は、自己効力感を高める要因とされている。

そのため職業選択自己効力感を高める戦略はターゲットを絞って実施するのが良さそうです。特に、下位校の学生に対して説明会や親睦会などの開催で心理的な壁を低減し、職業選択自己効力感を高める支援が有効に機能するでしょう。

■職業選択自己効力感が職業選択行動につながる

職業選択における自己効力感の効果は、性役割分業＊が職業選択にどのように影響するかという研究で注目されました。80年代に行われた研究では、女子学生の職業選択における自己効力感を調査しています。その結果、世間で〝男性的〟とされる職業では、女子学生の自己効力感が低いことがわかりました。

＊性役割分業とは、性別により、役割や労働に相違があるという考え方。「男は仕事、女は家庭」といった夫婦間での役割意識なども一例であるが、実はこういった日本の性役割分業の確立は中世時代にまで遡る。社会に「家」が確立した中世日本では、夫は収入の確保など「家」の外の活動を担当し、妻は収入のやりくりや育児、家事など「家」の中の活動を担っていたとされる。

たとえば大工や運転手といった機械や工具を使う職業について、「自分はうまく、その職業を選ぶための行動が取れない」と女子学生は考えます。一方、デザイナーなど芸術的職業については、女子学生の職業選択自己効力感のほうが高いという結果が出ています。自分の能力や適性よりも、性役割分業の考え方のほうが職業選択という行動に影響しているのです。

このように、職業選択自己効力感が職業選択行動につながることは明らかになっています。現在、多くの大学のキャリアセンターがカウンセリングを実施して学生の自己効力感を高めようとしているのは、「就職先がなかなか決まらない」状態を防ぐには、このアプローチが結果につながりやすいと気づいているからです。

企業側にとっても、自社の採用活動において「学生の自己効力感をいかに高めるか」は重要なテーマとなります。そのためには、まずは学生に興味・関心を持ってもらうと同時に、自社の採用においては候補者をどのような観点で評価しているのかを学生に説明することで、「この会社の選考で自分は上手く振る舞えそうだ」という感覚を得てもらうことが重要です。

「自分はたいていの行動が取れそうな気がする」という根拠のない自信を持つ「特性的自己効力感」もまた、就職先の決定に有意な影響があります。こうした自信を持つ人は、実際に良質な職業選択行動を採るのです。

ただし、職業選択自己効力感と特性的自己効力感を比較したとき、実践的により重視すべきは職業選択自己効力感です。幼い頃からの経験の積み重ねで形成される特性的自己効力感よりも、職業選択行動という特定分野の自己効力感である職業選択自己効力感のほうが高めやすいからです。

■職業選択自己効力感が低い状態でも受けられるようにすることも重要

企業が採用活動を成功させる上で、ターゲットを絞り込んで、職業選択自己効力感を高めるのが有効であることは理解しました。では、具体的にどのような工夫が有効なのでしょう。

ある人材サービス企業は、就職活動の後半戦で学生をサポートするサービスを提供していました。9～10月頃、春の採用シーズンに十分な人数を押さえられなかった企業と内定が取れなかった学生をマッチングするサービスです。

当初は、「特性理論*」に基づいて学生のパーソナリティを分析し、それに合った企業を提案するスタイルなどを採っていましたが、最終的に最も有効だったのは、10社程度をランダムに学生に提案し、しかもその10社は必ず面接を受けられるという施策でした。つまり、就活生には「必ず面接を受けられる」ことがインセンティブになることがわかったのです。

＊特性理論（性格特性論）とは、人間の性格を複数の要素（特性）の集合体とみなし、各特性を数量化して比較することで性格を理解しようとする方法。相対する概念である「性格類型論」では、性格を複数のタイプのいずれかに分類することで性格を理解しようとする。

このサービスでは、「面接で志望動機を言わなくていい」という条件を加えると、エントリーする学生がさらに増えました。要は、「元々、この業界、業種を志望してわけではないし、この会社のことを候補に入れていたわけでもない」「紹介されて、面接してくれるから受けに来ました。それでもいいですか？」という学生の心情に配慮し、「細かいことはいいから、とりあえず会って話しましょう」と提案したら、マッチングが円滑になったのです。

これは、職業選択自己効力感が低い状態にある人でも、採用選考を受けられるようにする工夫です。最近、採用活動でも利用が増えているソーシャルリクルーティングやリファラルリクルーティングなども、選考感を出さないという意味では、同様のアプローチかもしれません。「ご飯を食べに来て」など気軽にオフィスに来てもらって、いわゆる面接という形ではなく、採用要件や組織文化とのマッチング度合いを探るのです。

このように、採用活動を成功させる上では、候補者の職業選択自己効力感を高めるだけでなく、職業選択自己効力感が低い状態でも選考を受けられるようにする工夫も重要になります。これは、不人気企業が採用数を確保する上で、最強のソリューションではないでしょうか。

2章
育成に関するバイアス

【バイアス⑨】 厳しい研修は、新人を一人前にする上で有効だ

【認知的不協和】

「認知的不協和」とは、自分の持つ複数の認知が互いに矛盾しているために、不安や不快感を覚える状態を指す。たとえば、愛煙家が「喫煙は肺がんを引き起こす」という情報に接すると、認知的不協和が生まれ、それを解消しようと試みる。この行為は「認知的不協和の解消」と呼ばれる。

■厳しい研修は新人を一人前にする上で有効なのか

新入社員を〝使える〟ようにすることは、組織マネジメント上の重要課題です。「どのような新人研修を実施するか」に頭を悩ませる経営者や人事担当者は少なくありません。

新人育成担当とのディスカッションのなかでよく耳にするのは、「厳しさと主体性を両立させた新人研修を行いたい」という発言です。厳しさとは「会社→社員」であり、自主性とは「社員→環境」なので、両立は不可能ではないかと思う一方で、厳しい研修に対するニーズや信仰が一定程度あるとも感じさせられます。

代表的な厳しい研修に、自己評価と他者評価のギャップを指摘して屈辱を感じさせ、それまでの価値観や考え方を白紙化し、新たな価値観や考え方を刷り込むものがあります。リクルートでも昔、入社の半年後頃に、「ROD（Recruit Organization Development の略称）」と呼ばれる白紙化を狙った研修が行われていました。RODでは、新人として求められる四つの評価項目について多面評価を実施し、自己評価と他者評価のギャップを問います。「あなたはこう言っているけど、みんなはそう思ってないよね。これ、どういうこと」みたいな感じで周りから責め立てられるのです。

RODというのは、英語でムチの意味ですが、それくらい厳しい（今もやっているものの、そこまでは厳しくないようです）。ただ、こうした厳しさを乗り越えた先に得られるものもあります。それは、同僚との連帯感、最後まで支えてくれた上司や先輩への信頼感、自己効力感などです。

一方で、こうした厳しい新人研修を利用して一種の洗脳を行っている企業もあります。いわゆる、ブラック企業です。厳しい研修を受けた新入社員に、「こんなに熱心に指導してくれるから、ダメな会社のはずはない」などと思わせることで、会社への愛着心や忠誠心を植え付けるのです。

このように、厳しい研修は仲間との連帯を生む一方で、自ら考える能力が失われる可能性もありそうです。厳しい研修は本当に、新人を一人前にする上で有効なのでしょうか。

■厳しい研修で、会社への不信感と〝自由の侵害〟を感じる

厳しい新人研修にいくつかの効果があることは、研究によって検証されています。たとえば「タブラ・ラサ効果*」です。

＊タブラ・ラサ効果とは、真っ白な状態にして新たな規範を習得すること。タブラ・ラサとは、ラテン語で白紙状態の意味。元々は、ろうなどを引いた書字板の字を削り消して何も書き込まれていない状態にした書字板のことを指す。

これは、学生時代に培ってきた規範や価値観をリセットし白紙化することで、新しい規範や価値観を染み込みやすくするアプローチです。また、厳しい研修を乗り越えると、「同僚との連帯感」「上司や先輩への信頼感」「自己効力感」などが醸成されるのは、〝行動や態度〟と〝客観的事実〟に整合性を持たせて辻褄を合わせようとする「認知的不協和の解消*」が機能していると考えられます。

＊自分の持つ複数の認知が互いに矛盾しているために、不安や不快感を覚える状態を解消しようとする行為。たとえば、愛煙家が「喫煙は肺がんを引き起こす」という情報に接すると、「喫煙は肺がんとの間には有意な関係はない」という事実を見つけようとする。

ただ、厳しい研修には負の側面も存在することがわかっています。それは、会社への不信感と〝自

由の侵害〃による離職です。

たとえば「おじぎの角度は30度。無意識でもできるようになるまで、何度でも練習させる」「1日中アイデアを提案させて、すべて否定する」といった厳しすぎる新人研修を受けると、新入社員が「何て居心地の悪い会社だ。ここでは、自分らしく、イキイキと働けない。自分の良さが失われる」などと感じる。そして、自らの〝自由〟を取り戻そうと、何かしらのアクションを起こすのです。学術的には、これは「心理的リアクタンス」と呼ばれます（「ゲームは一日1時間にしなさい」と言われた子供が隠れてこっそりやる。これが典型的な心理的リアクタンスです）。

心理的リアクタンスに陥った人は、「①組織への同調」「②離職」「③仮の同調」「④創造的適応」の四つのうち、いずれかの行動をとる傾向があります。

①組織への同調
自由を放棄するパターン
②離職
別の場所で自由を獲得しようとするパターン
③仮の同調
内心は自由を保持したまま、表面上は放棄するパターン
④創造的適応
上手く自由を行使するパターン

図｜心理的リアクタンスに陥った人のとる行動

①の行動をとる人は組織に完全に同調し、自分の自由を放棄します。高度経済成長期からバブル期にかけて、こうした「働き蟻」的な人材はたいへん重宝されました。しかし、新しいアイデアの創出やイノベーションが求められる現在、重要なのは周囲への主体的な働きかけです。良く言えば「滅私奉公」、悪く言えば「組織に隷属」する人材の重要度は

下がっていると思われます。

②の行動を取る人は、自由を侵害されたことを重く受け止め、そのような場から離れようとします。残る③と④は、どちらも表向きには同調します。ただ④の行動を取る人は制限された環境のなかで自ら考え、自由に振る舞えるように環境に働きかけるのに対し、③の行動を取る人は「会社の指針はわかりました。納得できませんが従います」と心のなかで考えます。本音と建て前を使い分けるのです。

このように、厳しすぎる研修には負の側面も大きい。自律的に行動することで、組織の成長に寄与する人材の育成を重視するのであれば、導入は考え直したほうがいいかもしれません。

■重要なのは、「自ら型にはまる」ように仕向けること

会社には、組織文化や市場で果たしている役割などに応じて、ある種の「型」があり、それが組織マネジメントにおいて有効に機能しているケースも少なくない。ただ、ここまで見てきた通り、厳しい研修を実施して無理やり型にはめようとすると弊害が大きそうです。積極的な働きかけを損ない、離職を招きかねないからです。

ではどうするのか。「型にはめる」のではなく、「自ら型にはまる」ように仕向けましょう。たとえばリクルートでは、マネージャーに対して、部下には「自ら選ばせる」ように指導することを徹底していました。つまり、上司は部下に「こうしろ」ではなく、「あなたはどうしたい」と問いかけるのです。

こうしたアプローチは、採用のときも同様です。リクルートに興味を持ってきたなと気付いたら、むしろ1回突き放す。採用担当者の間では、「強引に口説くな。材料を与えて、自分で考えさせて、選ばせるんだ」と言っていました。

たとえば「若いうちから活躍できるよ」というメッセージを伝えたければ、「このビッグプロジェクトのリーダーをやっているのは、27歳のこの人です」というエビデンスだけを伝える。「20代でも活躍できる」といったメッセージだけを伝えれば、「それは特殊な例だろう」「どうせ、一部の優秀な人たちだけの話でしょ」といった懐疑的な見方が湧き出す。ところが事実だけを伝えて、その先は本人に考えさせると、「この会社は若手の活用に積極的なのだな」「自分も頑張れば活躍できるかも」と解釈してくれるのです。

社内のキーパーソンと会わせるときも同様です。肩書や実績などを事前に伝えて、「こういう理由で君と気が合うと思うから会ってみない」と伝えるのはダメ。まずは「ちょっと面白い奴がいるから、1回会ってみない」くらいで紹介する。実際に会ってみると、自分から「何をやっているのですか」と聞けば、自分で彼らの優秀さを感じ取ってくれます。

こうしたアプローチは、採用に限らず、職場においても同様です。「聞いたとき、あなたがやると言ったよね?」と問い詰める。「やれ」と言ったことに対して「やれなかった」と問い詰めるのはまだ逃げ道があります。自ら選ばせて、その結果に対して自ら考えさせるのがリクルート流でした。

新人研修でも、重要なのはこうしたアプローチです。たとえば「今日はコミュニケーションの重要性について学びます」と研修のメッセージを事前に伝えれば、実はまったく頭に入らない（こうした現象を「研修ずれ」と呼んでいます）。そうではなくて、研修を受けている途中で、自らが気付くように仕向けるのです。

そのためには、非言語テクニックを使ったり、即興で考えたりする研修が有効です。たとえば、筆者が取り入れているのは、組織開発メソッド「レゴ　シリアスプレイ　メソッド」です（これはＮＡＳＡ、グーグル、ヤフー！なども導入しています）。進め方は至ってシンプルで、「①ファシリテーターがお題を出す」「②レゴブロックでお題に沿った作品をつくる」「③作品を元にメンバー間で対話する」。これだけです。このほか、インプロビゼーション、描画、ダイアログ・イン・ザ・ダークなど、なるべく意識を介入させない非言語的系の研修を取り入れることで、研修ずれは効果的に防げます。

また新人の〝良いところ〟を引き出して、伸ばすためにコーチングを活用する企業も現れています。

ただ、新人研修では自由にやらせてもらえたのに、いざ現場に出ると、所属部署の上司や先輩から「このやり方以外は認めない」「言われた通りやればいい」と言われる企業も多い。そうなると、新人研修と現場とのあいだにギャップが生じ、ギャップが大きいほど、リアリティショックが起こる可能性が高い。

研修と現場との間に生じる差をいかにして埋めるか。これもまた、新人研修の重要な着眼点かもしれません。

【バイアス⑩】 長期的な目標を立てれば、社員の成果が上がる

【目標設定理論】

「目標設定理論」とは、60年代から70年代にかけて米国のエドウィン・ロックとゲイリー・レイサムにより提唱された「目標がモチベーションやパフォーマンスにどのような効果をもたらすか」に着目した理論である。目標設定理論によれば、本人が納得して受け入れた目標であれば、曖昧なものより明確なもの、また難易度が高い目標を設定すると、モチベーションやパフォーマンスも高くなることが確認されている。

■自己の信念や流儀に基づいて、目標を設定するべきか

現在、多くの日本企業において「目標管理制度」に基づいて社員が目標を設定しています（社員1千人規模以上の大手企業で9割以上、300人未満規模の企業で7割近くが目標管理制度を利用しています）。

ただ、この目標管理制度で「どのように目標を設定するか」の基準は明確ではありません。そのため、「目標の高さ（できるだけ高く、実現可能など）」「目標設定の期間（長期か、短期かなど）」「目標の設定者（自分だけ、上司と相談しながらなど）」などは、会社によって様々です。

目標設定は、「できるだけ高く、限界を決めるな」など、とかく精神論になりがちです。また「目

標を日付とともに書けば、必ず叶う」など、自己啓発的な考え方をする人も多い。そのため、自分なりの信念や流儀に基づいて目標を設定するべきと思っている人も多いのではないでしょうか。

ただもっとパフォーマンスの上がる目標設定の方法はありそうです。たとえば、スモールゴールを設定するのは有効な気がします。マラソン選手も「いま見えている、あそこの電柱までは気を抜かずに走ろう」「とりあえず、いま目の前にいる、あいつだけは絶対に抜かそう」といったスモールゴールを設定しながら走り続けていると、いつのまにか競技場のトラックを走っていると言います。

このような正しい目標設定の方法について共通認識もなく、目標管理制度を運用し、社員が半期ごとに目標を設定しているのは少し雑な気がします。

■「明確かつ困難」で、短期的な目標を立てるといい

目標設定を巡る有名な概念に、目標設定理論があります。目標設定理論は、目標管理制度のバックボーンとなっている研究で、経営学のなかでモチベーション理論の系譜に位置付けられ、心理学に基づく研究が行われています。ここでは目標設定理論を参考に有効な目標設定の方法を考えていきましょう。

まず、目標設定理論において「目標」とは、「人が達成しようと試みる行為の対象」と定義されます。数値目標だけではなく、もう少し広い意味で目標を捉えていることがわかります。

では、なぜ目標を設定することが重要なのでしょうか。目標設定理論では、目標設定のメリット

として、まず照準が合う効果をあげています。また、目標のレベルや段階に応じて、力のさじ加減を調整できる。さらに、「ゴール」を明確にすることは、モチベーションを維持し、行動の持続力を高めることにもつながるのです。

では、どのように目標を設定すれば、成果につながりやすいのでしょう。目標設定理論によれば、「明確かつ困難な目標」を設定することです。もちろん明確かつ困難な目標を設定してもクリアできないケースがあります。しかし、仮に目標を達成できなくても、総じてパフォーマンスは向上し、高い成果を得られることが様々なエビデンスから明らかになっています。目標の「明確性」と「困難性」が成果を向上させるという仮説は、学術界では「もはや、これ以上研究する必要はない」という指摘があるほど、多くの研究で実証されているのです。

目標設定理論の研究からは、ほかにもいろいろな事実がわかっています。その一つが「目標を設定する人」と成果の関係です。一般に「目標は自分で設定するほうが成果は上がる」というイメージを持つ人が多いかもしれません。しかし、これまでの研究から「誰が設定してもパフォーマンスに大きな差はない」ことが検証されています。

また、目標の設定期間によって差が出ることもわかっています。すなわち、目標設定の期間は、長期よりも短期で設定したほうがパフォーマンスも成果も上がります。長期的な目標を設定するものの、短期的な目標に分解して、目の前にある課題を一つひとつクリアする。このアプローチは、学術研究においても有効性が証明されています。

これは、課題に対する「自己効力感*」が高まるためかもしれません。課題を細分化することで、

「これなら達成に向けた行動を取れる」という気持ちが芽生え、意欲も高まる。その結果、パフォーマンスにつながりやすいのです。

＊自己効力感とは、自分がある状況において必要な行動をうまく遂行できると考えること。スタンフォード大学のアルバート・バンデューラが提唱した。

■評価の負荷を考慮して、適度に短い期間で目標を設定する

目標設定期間は長期よりも短期がいいのは間違いなさそうです。たしかに、ジョン・コッター＊も、目標に向かう途中にスモールゴールを設定し、それをクリアすることで自己効力感を高めていけば、最終的に目標を達成しやすくなると語っています。

＊ジョン・コッターとは、企業におけるリーダーシップ論や組織変革論の権威であり、ハーバード大学ビジネススクール名誉教授。「企業変革の8段階のプロセス」により、企業がどのように変わるかの流れを示した。

しかし目標管理制度と評価制度を連動させて運用している日本企業では、「目標設定期間＝評価対象期間」となる。そのため、目標設定期間が短ければ、短期での評価が求められます。その手間が大変なので、半期もしくは1年ごとに目標を設定する企業が多いのです（四半期あるいは毎月に目標を設定しているのは一部の営業型企業やインセンティブ報酬の割合が高い企業が中心です）。

また、目標設定理論によれば、目標設定にフィードバックを組み合わせると効果が高く、素早くフィードバックするほど、パフォーマンスが向上する。たとえば、四半期ごとに目標を設定し、結

果を素早くフィードバックすれば、成果は上がると考えられます。もし目標管理制度の短期運用が難しければ、１ｏｎ１ミーティングなどによるフィードバックも有効ではないでしょうか。

ただし、目標設定とフィードバックには一定の負荷がかかる。理論的には、毎日目標を立てて、毎日フィードバックするのが望ましいが、現実には不可能です。それでは、目標とフィードバックに追われて、現実の業務に支障を来します。その会社に合った適切な短い期間を決める必要があるでしょう。

【バイアス⑪】 社員がキャリア自律すると、離職率が高まる

【キャリア自律】
キャリア自律とは、めまぐるしく環境が変化するなか、個々人がライフスタイル、ライフステージに応じて、自律的にキャリア形成に取り組んでいくことを指す。なお、「自立」は単に自分の意見や考え方を持ち、自分のために行動するという「個人」の状態であるのに対し、「自律」は「他者」に対しても意識を向け、関係性や環境を意識しながら、自身を律するように行動できる状況を意味する。

■社員がキャリア自律すると、会社を辞めるのか

「社員がキャリア自律すると、会社を辞めるのか」とは、会社のキャリア研修を考える上で、しばしば議論になる論点の一つです。経営者のなかには、こうした恐怖心を持っている人が少なくありません。

一方で彼らは、「社員の能力を向上させたい、ポテンシャルを発揮してほしい」とも考えています。当然、人事部はそれに応えるためのキャリア研修を考えて、提案する。すると、「我が社らしいキャリアプランを練る」といった研修はすんなり受け入れられても、少しでも目線が外に向くような研

修には経営者は敏感に反応します。「こんな施策を実施して、社員が辞めない？」と不安を口にするのです。

そもそも大企業を中心に、キャリア自律支援が導入されるようになったきっかけは、バブル崩壊に絡んで90年代前半に加速したリストラです。「定年まで面倒をみるから会社の言うことを聞いてください」という従来からの価値観から、「会社はもう、皆さんの面倒を見きれないから、どんどん自律してください」という方向性にシフトしました。組織からの離脱を促進する力を働かせるための施策としてキャリア自律支援が本格化したわけです。こうした背景も、経営層が「キャリア自律させると、転職してしまう」と考える要因になっているのではないでしょうか。

ただ、めまぐるしく環境が変化する現在、個々人がワークスタイル、ライフステージに応じて、自律的にキャリア形成に取り組むことが、必ずしも転職を誘発するとは思いにくい。それどころか、自律した個人が多いこと自体が組織の魅力につながり、離職を抑制するのではないかという気もします。本当に、社員がキャリア自律すると、転職してしまうのでしょうか。

■キャリア自律で、キャリア満足、職務満足だけでなく、情緒的コミットメントも高まる

90年代に米国で始まったキャリア自律の研究において、特に重要な概念が「バウンダリーレスキャリア＊」と「プロティアンキャリア＊」の二つです。

＊バウンダリーレスキャリアとは、職務、組織、家庭などあらゆる境界を越えて展開するキャリアのこと。アーサーとルソーによって提唱された。とりわけ、転職もいとわないキャリアという意味で用いられる。一方、プ

ロティアンキャリアとは、環境変化に応じて自分自身も変化させていく、柔軟なキャリア形成のこと。ギリシア神話に出てくる、思いのままに姿を変えることのできる神、プロテウスが語源となっている。

これらの概念が示したのは、伝統的なキャリア形成、すなわち「一つの組織のなかで勤め上げて、出世していく」のではなく、「複数の会社を渡り歩きながら、環境の変化が著しい時代のなかで柔軟に対応し、自身のキャリアを築き上げていく」ことの重要性でした。

ある研究によれば、キャリア自律には「キャリア自律心理」と「キャリア自律行動」が含まれる。それぞれ、キャリア自律心理は「職業的自己効力感」「主体的キャリア形成意欲」「職業的自己概念の明確さ」、キャリア自律行動は「キャリア開発行動」「職場環境変化への適応行動」「主体的仕事行動」で構成されます。このような特徴を持っている人材が、キャリア自律の傾向が高い社員であるということです。

では、キャリア自律の効果とは何でしょうか。

それは、キャリア満足や職務満足だけでなく、会社に対する情緒的コミットメントも高まることです。つまり、キャリア自律の志向が強いほど、組織に対する愛着や一体感も強い。これは、「この会社は、私の考えを尊重し、やりたいことを自由にやらせてくれる」といった感謝の気持ちが情緒的コミットメントに現れている、と捉えられるでしょう。

別の見方をすれば、自律的な人間ほど、日和見主義的な行動を取らない傾向が強い。利己的な行動を取ったり、目先の利益のみを追求したりすることなく、長期的、俯瞰的な視点を持つ。だから

キャリア自律心理

- 職業的自己効力感：困ったことが起きても打開できると思う
- 主体的キャリア形成意欲：キャリアを充実させたいと思う
- 職業的自己概念の明確さ：やりたい仕事が明確である

キャリア自律行動

- キャリア開発行動：新しい知識を積極的に学ぶ
- 職場環境変化への適応行動：新しい環境にも早く馴染む
- 主体的仕事行動：自分のポリシーを持って仕事をする

図｜キャリア自律とキャリア自律行動

こそ、所属する組織への情緒的コミットメントが高く維持される。その結果、定着にも良い効果が現れるのです。

もちろん他方で、社員に対してキャリア開発を行うと、「自分は社外でもやっていける」という気持ちが高まり、離職意思が高まるという研究結果もあります。キャリア自律は、求心力、遠心力のどちらにも作用するわけです。

しかしある研究によれば、「遠心力＝離職意思」よりも「求心力＝職務満足や定着」への効果のほうが高いことが明らかになっています。

つまり、「社員のキャリア自律を高めても、一概に離職率は高まるわけではない」のです。

■キャリア自律は実は、社員の定着にもつながっている

現在、日本企業は黒字にもかかわらず、社員に対して副業を推奨したり、早期退職を募集したりしています。こうした動きは、「余裕のあるうちに、社員は自分のキャリアを考えてほしい、会社も次の時代に備えるから」という経営サイドの意志を表しているのかもしれません。

そのために導入されたキャリア自律の取り組みが、社員の情緒的コミットメントを向上させ、定

着へとつながるのであれば、人手不足が深刻化する現在、会社にとっても良い効果を生んでいると考えられます。社員も、「いざとなったら転職や独立すればいい」くらいの気概を持って働くほうが幸せかもしれません。かつては、レイオフやリストラを正当化する道具として使われたキャリア自律は考えもしなかった効果を生んでいると言えそうです。

近年、転職していったOB・OGと緩やかにつながりを持ち続ける仕組みとして、「アルムナイネットワーク*」が注目を集めています。従来であれば、転職していった社員は「裏切り者」「落ちこぼれ」というレッテルを貼られるケースが少なくありませんでしたが、最近は自社の〝卒業生〟を、貴重な人的資源と捉え、アルムナイネットワークを構築する企業も増えています。

*アルムナイネットワークとは、ある企業の離職者やOB・OGのネットワークのことを指す。通常は、当該企業がネットワーク化を支援し、ネットワークのメンバー間、メンバーと企業の間で互いに連絡を取れるようにする。定期的にミーティングを実施する企業もある。

こうしたアルムナイネットワークもまた、情緒的コミットメントの向上に効果的に働くでしょう。古巣に対して「いい会社だった」という感謝の念を抱きつつ離職していった社員であれば、戻ってきてくれる可能性、優れた人材を紹介してくれる可能性、社外で仕事を通じて協力できる可能性も高まります。

企業にとって大切なのは、キャリア自律支援プログラムなどを通じて、社員と会社がフラットに付き合える関係を作ることではないでしょうか。

【バイアス⑫】　キャリア自律研修は、すべての年代で実施するべきだ

【キャリア開発】
「キャリア開発」には2種類あり、一つは継続的に高い成果を生み出すため、適材適所を含め、社員の能力を向上させていく施策・制度であり、もう一つは今までの経験を棚卸し、未来を展望して、自律的にキャリアを設計することである。前者は会社視点、後者は社員視点で実施される。現在、多くの企業において両方のキャリア開発研修が実施されている。

■若手社員向けのキャリア自律研修は、有効に機能するのか

現在、多くの大企業は、様々な年代向けのキャリア開発研修を定期的に開催しています。研修は大きく2種類あり、一つは社員の能力を高めて仕事に対して意識付けをすることで会社に貢献できるようにするもの、もう一つは今までの経験を棚卸しし、未来を展望することで「キャリア自律*」を高めるものです。

*キャリア自律は「心理」と「行動」に分かれて定義されており、キャリア自律行動とは、①キャリア開発行動：新しい知識を積極的に学ぶ、②職場環境変化への適応行動：新しい環境にも早く馴染む、③主体的仕事行動：自分のポリシーを持って仕事をすることを指し、キャリア自律心理とは、①職業的自己効力感：困ったことが

起きても打開できると思う、②主体的キャリア形成意欲：キャリアを充実させたいと思う、③職業的自己概念の明確さ：やりたい仕事が明確であることを指す。

かつてキャリア開発研修と言えば、主に前者を指しましたが、ここ20、30年の間に、後者のキャリア自律研修を実施する企業が増えています。この背景には、会社が社員のキャリアを面倒見るという発想から、社員が自らのキャリアを選ぶという発想への転換があります。かつて1本道だったキャリアが多様化しているのです。ただ、社員のなかには自らのキャリアを選べない人もいる。そこで会社が、キャリア自律を促す研修を実施しているのです。

これまでの経験を棚卸し、今後のキャリアを展望するキャリア自律研修を若手社員向けに実施すると、能力や経験が足りていないために、今後のキャリアが漠然とした「やりたいこと」になるケースも少なくない。しかし、本当の意味でキャリア自律するには、単なる「やりたいこと」をあげるのではなく、自分の軸（キャリア・アンカー）に当たるものを見定めなくてはなりません。そのために若手社員に必要なのは、眼の前の仕事に真剣かつ貪欲に取り組み、できることを増やし、自分の軸を作ることではないでしょうか。

大学生でも、社会人でも、キャリアを切り開くには、やりたいことの探求もさることながら、学ぶべきことも一緒に探求する必要があります。やりたいことをやるには、「どのような能力が必要か」を理解し、それを身に付けるには何をすればいいのかを考えなくてはなりません。そこで初めて「やりたいことを実現するプロセス」が見えてくるからです。

そう考えると、すべての世代で同様のキャリア自律研修を実施するのは正しいのか、疑問です。

■キャリア自律する上では、「経験学習」が最も有効

「どうすればキャリア自律が促されるか」について、その影響要因が研究されています。研究の結果、わかったのは意外な事実です。組織による支援などの要因と比較して、実際に業務を経験し、それを省察することで学ぶ「経験学習」がキャリア自律に及ぼす影響が大きかったのです。

ここでいう経験学習とは、自分が経験から学ぼうとする行動。たとえばふだんの仕事において、最新動向を追いかける、積極的にフィードバックを受けるなど、主体的に経験から学ぶことがキャリア自律につながっていました。

キャリア自律の定義が「めまぐるしく変化する環境のなかで、自らのキャリア構築と継続的学習に取り組む、(個人の)生涯に渡るコミットメント」であることを考えると、英会話や資格取得など、会社や業務とは一線を画したどこでも通用するスキルを身に付けるほうが、キャリア自律につながる気もします。しかし実際は、通常業務における学びの姿勢や行動が重要だったのです。

そもそも、キャリアプラン自体、現実には立てた通りに進むわけではありません。むしろ、ジョン・クランボルツ*がプランドハップンスタンス理論*で「個人のキャリアは予想しない偶発的な事象によって決定されるため、必ずしも明確なキャリアプランを立て、忠実に行動する必要はない。むしろ、偶然の出来事や出会いを味方に付ける姿勢によって、キャリアは良い方向に進んでいく」と指摘するように、オープンマインドで与えられた課題を一生懸命取り組むほうがチャンスはつか

めるようです。

＊ジョン・クランボルツとは、スタンフォード大学の名誉教授で、キャリア理論の大家。プランドハップンスタンス理論（計画的偶発性理論）の提唱者としても有名。プランドハップンスタンス理論とは、個人のキャリアは予想しない偶発的なことによって決定されるので、その偶然を計画的に設計し、自分のキャリアを良いものにしていこうという考え方である。

また別の研究では、上司のキャリア支援がキャリア自律にプラスの影響を及ぼす結果も出ています。ここで言うキャリア支援とは、希望する仕事にアサインしたり、仕事の円滑な進行を助けたり、知り合いを紹介したりすること。実質的な仕事上の支援が、部下のキャリア展望を高め、キャリア自律を高めるのです。

キャリア自律は、夢を見るだけでは実現しません。ビジネスの場で経験学習を積み、それを社会にフィードバックする。その先に自らのキャリアを思い描く。夢と現実をすり合わせることで、人のキャリア自律は高まるのです。

■すべての年代、階層にキャリア自律が求められるわけではない

ビジネスの場面で、人はしばしば新鮮な驚きと出会います。その驚きを意欲に変え、学習へとつなげていく。そうした良質な「経験学習」がキャリア自律にとって重要になります。

これは当たり前のことかもしれません。ビジネスの課題には、書籍を読んだり、講師の話を聞いたりする「座学」の知識だけでは太刀打ちできません。役立つのは、仕事の場面で必要にかられて

勉強し、それを実践し、その結果を自分なりに振り返ることで身に付けた、活きた経験と知識です。こうした経験や知識を継続的に身に付ける行為自体が、自律的にキャリアを形成していこうとする活動なのでしょう。

経験学習を積んでいくと、先のことが見通せるようになり、今度はどのような能力を身に付けるべきかが見えてきます。そして、「次は、こんな仕事をやらせてほしい」と自ら上司などに提案する。自分で能力開発のプランを立てるようになるのです。このような経験を数年積めば、旧知の領域に留まっている人と大きな差がつくのは自明です。

ただ、注意してほしいのは、次の社長候補など、経営リーダーは身に付ける能力や経験を自ら選べる余地が相対的に少ないことです。上に行けば行くほど、自分主導よりも会社主導の割合が増えていく。重要ポストの後継者候補を確保し、次世代の経営リーダーとして育成する「サクセッションプラン」は、会社主導で立てられます。「あなたには次にこういう経験してもらいたい」と次々と部署を異動し、昇進させていく。その過程で、当然経験学習は積むでしょうが、キャリア自律はあまり求められません。

ただ、それ以外の社員について、キャリア自律を社員にすべて任せて放置するのも問題である気がします。たとえば、複数のキャリアパスを提示したり、能力開発プログラムを用意したりしてもいいかもしれません。「自由にやれ」ではなく、「Aのキャリア、Bのキャリア、Cのキャリア」を用意して、いずれかを選択してもらうことで、自然とキャリア自律を促すのです。こうしたアプローチも、これからのキャリア開発には必要なのではないでしょうか。

【バイアス⑬】　社内政治力が、キャリア満足と給与を高める

【キャリア・サクセス】
キャリア・サクセスとは、「長期にわたる仕事経験の結果として表出・達成されたもの」と定義される。実質的には「キャリアがうまくいっている状態」と言い換えられるだろう。キャリア・サクセスは主に、昇進、昇格、昇給といった客観的な要素と、キャリア満足などの主観的な要素から判断されることになる。

■なぜ、キャリア満足に注目が集まるのか

会社で働く一人ひとりが順調なキャリアを歩むことは、社員にとっても、会社にとっても重要です。ただ、キャリアは多様であり、成功を一律に定義するのは難しい。そのため最近は、「社員のキャリアに対する満足度＝キャリア満足」をどのように高めるか、に注目が集まっています。

ただ、大企業に入って出世した人が必ずしも満足しているわけでもない。キャリア満足には、「君はこの仕事をよく頑張ってくれている」と声をかけられるなど、他人に認められることが必要になるのです。

また、人との信頼関係や人間関係も重要です。「社会的ネットワーク*」を持っている人は、い

ろんな人から様々な情報を得て、自分の仕事の意味付けができるため、キャリア満足が高まりやすい。たとえば、飲みに行って、やっている仕事を話し、取り組みを称賛される。このように仕事を意味付けする機会に恵まれることがキャリア満足につながるのです。

＊社会的ネットワークとは、家族、友人、知人、恋人、同僚など、ある社会における個人と個人のつながりのことを指す。スタンフォード大学のマーク・グラノヴェッターらの研究が有名。ソーシャルネットワークとも呼ばれる。

キャリア開発を支援するための働きかけを上の立場の人から受ける「キャリア・スポンサーシップ」もまた、キャリア満足を高める重要な要素です。たとえば、事業部長クラスの人が若手社員と飲みに行って相談に乗ったり、新規事業の根回しをしてくれたりすると、キャリア満足は高まります。イノベーションの研究においても、「新しいアイディアが組織内に誘発する無関心や抵抗に打ち勝つために背後で支援する個人＝チャンピオン」の重要性が言及されています。キャリア・スポンサーシップは、組織内で自分のやりたいことを実現する上でも重要なのです。

ある大手ＩＴ企業の調査でも、社会的ネットワークやキャリア・スポンサーシップを持つ人が満足して働き、かつ出世しているという結果が出ました。では、こうした人はどのように社会的ネットワークを築いていたのでしょう。この調査によれば、主に二つの手段が使われていました。一つが飲み会であり、もう一つが上層部による厳選です。つまり、「コイツは優秀だ」と最初から目を付けた人を飲みに誘ったり、積極的に機会を与えたりしていました。一人の幹部がたくさんの新人を支援できるわけではないので、キャリア・スポンサーシップを勝ち取った人とそれ以外の人との間で能力や実績の格差が広がっていたのです。

とはいえ、こうした飲みニケーションによるネットワーク構築は昭和的で、いまの時代に合っていない気もします。そもそも飲み会好きでない人は、コミュニティに入りづらい。生活を犠牲にして、飲み会で社内人脈を作らないとキャリアを形成できないのであれば、それは時代遅れでしょう。また、異性の部下と2人で飲みに行くのを禁止する会社もあるため、女性の出世を阻む可能性もある。いまの時代に合った社会的ネットワークの構築方法はないのでしょうか。

■キャリア・サクセスには、様々な影響要因がある

学術界では、キャリア・サクセスを「長期にわたる仕事経験の結果として表出・達成されたもの」と定義しています（このようにあえてわかりにくく定義するのは、一般的な意味での「サクセス＝成功」にあえて価値を置かないようするためです）。

大きく分けるとキャリア・サクセスには、二つの要素があります。一つは、昇進、昇格、昇給といった客観的な要素。もう一つが、キャリア満足という主観的な心理状態です。

この二つのうち、どちらに力点を置くかは研究者によって様々です。昇進や昇給を重視する人もいれば、キャリア満足を重視する人もいる。あるいは、社会的な評価や「エンプロイアビリティ*」をキャリア・サクセスの指標として使う人もいます。さらには、仕事領域以外のところもキャリア・サクセスの指標として使われるようになっています。たとえば、「ワーク・ファミリー・エンリッ

チメント*」、つまり仕事と家庭が互いに良い影響関係にある状態をキャリア・サクセスと見なすわけです。

*エンプロイアビリティとは「雇用する」と「能力」を組み合わせた言葉で、文字通り、企業に雇用され得る能力である。一般には、転職できる能力を指し、企業内外を越えた労働市場におけるビジネスパーソンとしての価値と見なすことができる。一方、ワーク・ファミリー・エンリッチメントとは、仕事で得た知識や能力を家庭で活かしたり、家庭で得た知識や能力を仕事で活かすなど、仕事と家庭が双方向で良い影響を及ぼし合っている状態である。

研究の大まかな流れで言うと当初は、客観的な要素に着目した研究が主に行われていましたが、最近は、キャリア満足に注目が集まっています（キャリア研究の著名な研究者は、主観的な現実がキャリアにおいて重要になると言っています）。では、キャリア・サクセスの影響要因に着目した研究からどのような結果が導き出されたのでしょう。

これまでの研究結果を整理したのが次ページの表です（一部抜粋）。表における数値は、〝給料〟と〝キャリア満足〟に及ぼす影響度合いを数値化したものとなります。たとえば、教育水準が給与に与える影響は0・29。これは、無視できない影響があると考えられます。

キャリア満足への関連は希薄ですが、給与に影響を与える要因としては「組織勤続年数」「教育水準」「政治的知識・技能（社内政治）」があるとわかります。社内政治とは、社内での政治的なネットワーク構築やそこに働きかけるためのスキルを指します。

一方で、給与には影響を与えないがキャリア満足を高めるものとして、「上司からの支援」と「プ

過去の認知	給料との関係	キャリア満足との関係
社会資本（主に斜めの関係）	0.17	0.28
キャリア・スポンサーシップ	0.22	0.44
上司からの支援	0.05	0.46
訓練とスキル向上の機会	0.24	0.38
企業規模	0.07	0.02
組織勤続年数	0.2	0.02
教育水準	0.29	0.03
（社内）政治的知識・技能	0.29	0.05
神経症傾向（細かいことを気にする）	-0.12	-0.36
プロアクティビティ（先んじて行動する）	0.11	0.38

※数値が大きいほど関係性が強い
#ビッグ5：性格特性

図｜キャリア・サクセスの影響要因1

ロアクティビティ」があります。プロアクティビティとは、課題や機会に対して先を見越した行動を取る特性です。これは一見、給与に直結しそうですが、そこまで影響が強くはありません。

そして、〝給料〟と〝キャリア満足〟のどちらにもインパクトを与えるものとして「社会資本（主に斜めの関係）」「キャリア・スポンサーシップ」「訓練とスキル向上の機会」があります。社会資本は、直属の上司ではなく他部署の先輩や役職者とのつながりを持っていること、またキャリア・スポンサーシップは、社内の実力者を紹介してもらったり、成果をもたらす仕事を与えてもらったり、組織内外の批判から守ってもらったりすることを意味します。（これは海外の調査をまとめたものなので、文化差の影響を受けるかもしれません）。

給料 > キャリア満足の要因	給料 < キャリア満足の要因
●企業規模（僅かな差）	●社会資本（主に斜めの関係）
●組織勤続年数	●キャリア・スポンサーシップ
●教育水準	●上司からの支援
●政治的知識・技能	●訓練とスキル向上の機会
	●神経症傾向
	●プロアクティビティ

図｜キャリア・サクセスの影響要因2

■社会的ネットワークが、キャリア満足と給与に影響する

キャリア満足と給与の両方に強い影響を与える要素のうち、特に重要なのは、社会資本やキャリア・スポンサーシップを可能にする社会的ネットワークでしょう。つまり、直属関係にない人とのネットワークや仕事で直接関わり合いのない人とのネットワークです。

どうすればこうした関係を築けるのでしょうか。

手っ取り早いのは「キャリア・スポンサーシップ制度」の導入です。これは、役員クラスが次世代のリーダー育成のために、マンツーマンで指導して昇進を後押しする制度。キャリア・スポンサーは、リーダーに必要なスキルが学べる仕事を彼らに担当させたり、彼らの実績や能力を社内にアピールしたりすることで、昇進を支援する役割を担います。メンター制度が若手のキャリア相談やメンタルケアといったサポート目的であるのに対し、キャリア・スポンサーシップ制度は、対象者の昇進を目的としているのが特徴です。インフォーマルなネットワークをフォーマルにする方法と言えるでしょう。

また最近は、役員が飲み会ではなく勉強会を開いて、若手に

も声をかけるケースも増えています。こうした勉強会は、半分フォーマル、半分インフォーマルくらいのスタンスで開かれることが多い。会に定期的に参加することで、参加メンバーの間でネットワークが構築されるのです。

勉強会は社内だけでなく、社外の人と一緒に実施されることも少なくありません。こうした勉強会で培ったネットワークが、キャリアだけではなく、仕事や共同プロジェクトにつながるのです。

また地方都市への単身赴任がネットワークの強化につながることもあります。リクルートの少し前の経営層は、名古屋支社経験者の割合が高かった。名古屋は東京から近く、新幹線ですぐに帰れるため、多くの人が単身赴任します。しかも歩いて帰れるところにマンションを借りる人がほとんど。単身赴任者同士がご近所さんで、みんなヒマなので仕事後に交流する。そのため、ネットワークが強くなるのです。

しかも、名古屋は東京ほど規模が大きくないため、一人に任される裁量権が大きい。課長級の人が部長級の仕事をするなど、一つ上の仕事ができ、それがマネジメントの訓練になる。名古屋転勤同士が互いに引き上げ合ったこともあり、彼らが一緒に偉くなったのかもしれません。

【バイアス⑭】 リーダーシップには、一般的な定義がある

【変革型リーダーシップ】

変革型リーダーシップ理論ではリーダーシップを「変革型リーダーシップ」と「交換型リーダーシップ」に分けている。変革型リーダーシップは、社員の心を奮い立たせて行動を変えようとし、交換型リーダーシップは、報酬と交換によって個人の能力やモチベーションを引き出す。両者は対比的な概念である。

■リーダーシップとは何かをきちんと定義して使っているか

採用や育成の現場で、リーダーシップに注目が集まっています。新卒採用担当者は、「将来、リーダーになれる資質を持った人材がほしい」と口をそろえて言い、大手企業では社員を対象に当たり前のようにリーダーシップ研修を実施しています。

大学や学生の間でも、「リーダーシップが重要」という認識が広がっています。学生は就職試験の場でリーダー経験をアピールし、大学でもリーダーシップ教育を実施している。

しかし、リーダーシップという言葉自体があまりに一般的に使われているため、その意味がブレているような気がしてなりません。企業でも大学でも、「リーダーシップとは何か」をきちんと定

義せず、何となくリーダーシップ研修・教育を実施している。ワークショップをリーダーシップ研修と呼んだり、現場でうまくフォロワー（リーダーを補佐する人）になれることをリーダーシップと呼んだりなど、リーダーシップという言葉を都合よく使っているのです。

自分の会社や組織にとって、リーダーシップとは何かをきちんと定義する必要があると思います。学術界におけるリーダーシップ開発研究では、経営リーダーの教育と現場リーダーの教育が区別されています。一方、人事の現場では、二つを混同しているケースも目立ちます。現場リーダーの延長線上で経営リーダーを育成しようすることが多いのです。

しかし実際には、経営リーダーの育成と、現場リーダーの育成は異なる課題です。経営リーダーと同じ論理で現場リーダーを育てようとすれば、過度な負担がかかり、多くの人が疲弊することになるでしょう。そもそも現場のリーダーに、経営リーダーと同じようなリーダーシップが必要なのかも疑わしい。

これもまた、リーダーシップをきちんと定義していない弊害と言えるでしょう。

■様々なリーダーシップ理論が登場し、ある意味、乱立状態

ここで、リーダーシップ研究の歴史から、学術界におけるリーダーシップの定義を確認しましょう。

リーダーシップは、主に20世紀初頭から米国を中心に理論化・体系化が進められてきました。古典的なリーダーシップ理論である「特性理論*」は、「リーダーシップとは生まれ持って備わった

性質である」と考えました。その上で、有能なリーダーに共通する個人特性を調べたのです。

＊特性理論とは、古くはプラトンの「国家論」、マキャベリの「君主論」などに登場するような、優れたリーダーに共通する身体や性格などの特性に関する研究のこと。リーダーシップ論の古典的な議論の一つであり、「リーダーは作られるものではなく、生まれながらに持つ性質である」という考え方が前提となっている。リーダーシップ特性論とも呼ばれる。

特性理論において様々な研究が実施されましたが、残念ながら、この時点ではリーダーに共通する個人特性は見つかりませんでした。さらに1940年代になると、一般の人（特に現場リーダー）でもリーダーとしての行動を取るにはどうすればいいのかが研究されるようになります。いわゆる、行動理論です。

行動理論の次に提唱されたのが、「コンティンジェンシー理論＊」でした。コンティンジェンシー理論では、「唯一最善なリーダーシップは存在せず、状況に応じて有効なリーダーシップのスタイルは変わる」と考えます。環境によって最適解があるだけで、絶対解はないということです。その上で、リーダーの行動や置かれた環境に注目し、「状況に応じたリーダーシップの取り方」のパターンが研究されました。ただコンティンジェンシー理論の研究では、状況と行動の組み合わせが多くなるばかりで、「共通認識」はほとんど生まれませんでした。

＊コンティンジェンシー理論とは、1960年代以降に検討された、どのような環境・状況にも適合する「唯一最適なリーダーシップ・スタイル」というものは存在しないという見解に立つ理論。「条件適合理論」とも呼ばれる。

リーダーシップ研究が行き詰まりかけるなかで誕生したのが「変革型リーダーシップ理論」です。変革型リーダーシップ理論ではリーダーシップを、フォロワー（部下）が自発的かつ主体的に行動するように促す「変革型リーダーシップ」と、「報酬」を前提とする「交換型リーダーシップ」に分けています。変革型リーダーシップのベースとなっているのは、「現状を打破できるヴィジョンを実行できる者がリーダーである」という考え方。一方、交換型リーダーシップでは、たとえば、部下は上司の指示通りに勤勉に働く代わりに評価制度で高い評価を受けるというように、ギブ&テイクの関係が前提となります。

さらに00年前後になると、大手エネルギー企業エンロンの粉飾会計による破綻事件に象徴される組織不祥事に端を発し、リーダーシップ論が見直されます。〝その人らしさや道徳観の視点が抜けているのではないか〟と指摘されたのです。こうした流れを汲んで提唱された新しいリーダーシップ理論が「オーセンティック・リーダーシップ*」です。

*オーセンティック・リーダーシップは、倫理観や特性・個性を踏まえつつ、「自己認識」「倫理的視点の内在化」「バランスの取れた処理」「関係の透明性」という四つの要素から構成される。「自己認識」は「自分自身の長所と短所を把握している」という意味。社会的な倫理観を備えている「倫理的視点の内在化」と、偏った自己判断に頼り過ぎず多様な意見を聞き入れる「バランスの取れた処理」。そして最後が「関係の透明性」で、これは心を開き、真摯な人間関係を構築できているかを問う。なお、オーセンティックとは、真正の、本物の、信頼できる、信念に基づく、という意味。

オーセンティック・リーダーシップ以降も様々なリーダーシップ理論が登場し、現在はある意味、乱立状態です。

■自分の組織におけるリーダーシップを定義する必要がある

以上の歴史からわかるように、リーダーシップとは多様な意味を持つ概念です。ビジネスの現場では、普通に使われているにもかかわらず、何を持ってリーダーシップと呼ぶべきかの共通認識はない。そのため何も考えずに使えば、同じリーダーシップという言葉を互いに別の意味で解釈している状況が生まれかねません。

また、ある研究者が、「リーダーシップ」と「マネジメントシステムをはじめとした集団をコントロールするルール」のどちらが集団のパフォーマンスに影響するかを調査したところ、組織の規模が大きくなると後者の影響力が強くなるという結果も出ています。企業によっては、リーダーシップ研修で個を育成するよりも、マネジメントシステムを整備するほうがパフォーマンスが上がるのです（規模の大きな企業で、リーダーに求められる役割は、マネジメントシステムを整備し、きちんと運用できるようにすることかもしれません）。

一方で、事業立上げなどにおける少人数のチームでは、マネジメントシステムで組織をコントロールするのは非効率で、やはりリーダーシップという「個の影響力」が極めて重要になります。社員が少ないとき、メンバーの多くがリーダーを信じているとき、個の存在が全員の行動変容につながり、パフォーマンス向上につながるからです（その意味では、小さな組織のほうが、いわゆるリーダーシップを必要としているのかもしれません）。

このように、リーダーシップ自体の定義が曖昧であり、しかも企業の規模やフェーズなどによって、リーダーに求められる役割も変わる。そのためリーダーシップを組織マネジメントに活かすには、まずは自分の組織におけるリーダーシップをきちんと定義する必要があります。そう考えると、リーダーシップというよりも「自社の経営リーダーとは、どのような人（特性・性質・倫理観）で、どのように育成するか」という個別の問いとして考えたほうがいいかもしれません。

【バイアス⑮】一皮むけた経験は、一般社員のリーダー開発に役立つ

【一皮むけた経験】

「一皮むけた経験」とは、リーダーシップ開発研究で登場したキーワードであり、「仕事を通じてリーダーシップが飛躍的に高まったと思える出来事」を指す。人は業務に関わる様々な経験から学びを得て、リーダーシップを養っていくが、とりわけ困難な課題や修羅場を乗り越えることにより自己効力感や課題解決能力が高まり、リーダーシップが向上すると言われる。ただし、単に辛い経験をさせればいいわけでなく、経験の「質」も重要である。

■厳しい経験や挫折経験は、社員の成長にプラスに働くのか

大企業において経営幹部の候補となるのは、社内から選抜した数名から十数名の中堅社員。日本では通常、彼らが社内の様々な部署で色々な業務を経験することになります。社内の重要ポストを歴任することで、全社を俯瞰できる目を養うのです（そのため一部の大企業では、キャリアパスを見れば、幹部候補者が一目瞭然です）。

厳しい現場を経験させる企業もあります。たとえば、「開発途上国における市場開発」「潰れかけた子会社の立て直し」など、いわゆる修羅場を経験させる。実際、大手商社などでは、将来の幹部

候補は子会社に社長として送り込まれます。

たしかに、大企業で経営幹部になった人に話を聞くと、「若いころに厳しい環境でもがいた経験が役に立っている」「新たな市場を一人で開発したおかげで成長できた」といったコメントが返ってきます。

『仕事で「一皮むける」』（金井 壽宏 著、光文社）のなかでは、降格・左遷・異動などの体験（一皮むける経験）で自らの能力を磨いたことにより、第一線で活躍するようになったビジネスパーソンのインタビューが紹介されています。

ただ、こうした見方がすべて正しいのかについては慎重になる必要があります。それは、こうしたコメントをしているのが勝ち残った人ばかりだからです。おそらく、生き残り、成功した人の背後には、その何十倍、何百倍もの屍が山と積み上がっている可能性がある。厳しい経験、挫折した経験でつぶれてしまった人が多ければ、会社にとって、修羅場経験が本当にプラスかは疑問です。

また、「トラブルを起こさずにそつなく業務をこなすことが出世につながる」会社では、修羅場の経験を求められません。「厳しい環境に対する適応力」よりも「周囲との調整力」が重要だからです。日本には、こうした風土の企業も多い。一皮むける経験が必ずしも、会社にとっても、社員にとっても、無条件に良いとは言えないのかもしれません。

■「一皮むける経験」がリーダーシップ開発に有効なことを示す研究も

リーダーシップについては、経営幹部から現場リーダーまで、様々な階層で研究が行われています。リーダーシップ研究の主要なテーマの一つは、リーダーに求められる特性や行動を解明すること、そして優れたリーダーに共通する要因を見つけることです。

「先天的な特性からリーダーに適した人物を区別する＝特性理論*」「優秀なリーダーの行動から逆算する＝行動理論*」「周囲の状況や環境要因も考慮の上で効果的なリーダーの行動を検討する＝コンティンジェンシー理論*」など、様々なアプローチによる研究が行われています。

＊特性理論とは、「リーダーに共通する効果的な個人特性（性格特性など）は何か」に着目したリーダーシップ研究群。行動理論とは、「個人内に存在する特性ではなく、リーダーに共通する効果的な行動は何か」に着目した研究群。そして、コンティンジェンシー理論とは、「どのような環境・状況にも適合する唯一最適なリーダーシップは存在しない」という見解に立ち、つまり環境や状況に応じて有効なリーダーシップの形は異なるということを示した研究群。コンティンジェンシー理論は条件適合理論とも呼ばれる。

そして、二十世紀終わり頃、「社会的な環境が刻一刻と変化しているなかでは、リーダーの特性や行動の特定は難しい。それよりも、リーダー開発についての理解を深めるほうが重要ではないか」と指摘したのがモーガン・マッコール*です。ここで言うリーダーシップ開発とは、「リーダーの役割を果たせるように、個人の能力を伸ばすこと」でした。そして、この指摘を契機に「リーダーシップ開発」の研究が増えました。

＊モルガン・マッコールは南カリフォルニア大学マーシャル・ビジネススクール教授。早期選抜、次世代リーダー育成など、リーダーの選抜と開発に関する研究の第一人者。有名な著作『ハイ・フライヤー 次世代リーダーの育成法』にて「リーダーシップは経験を通じて学ぶことができる」という主張を展開している。

リーダーシップ開発の研究によれば、リーダーシップ開発の手段は「研修を通じたトレーニング」「仕事のなかでの経験」「読書やセミナーなどの自己啓発」の三つです。このうち特に重視されているのが仕事経験です。

では、優れたリーダーになるにはどのような経験をするべきでしょう。

その一つの答えが、「一皮むけた経験」です。マッコールは「自分の殻を破るような経験」が必要になると指摘しています。ただし一皮むけるには、「単に難易度の高い経験をすればいい」わけではありません。「学習効果が期待しやすい経験」が重要になります。すなわち、「①課題が明確かつ適度に難しい」「②実行した結果についてフィードバックがある」「③何度も繰り返しながら、誤りを修正できる」の3要素を含んだ経験が有益であると言われています。

②で言うフィードバックには、他者から与えられる評価や指摘だけではなく、営業で言うところの「受注できた／失注した」といった環境からの結果も含まれます。また、③については、何度も繰り返す過程で誤りに気づき、是正することが重要なので、一発勝負、出たとこ勝負のような経験はあまり有効でないということです。

その意味で、「事業の立て直し」や「社内のスター

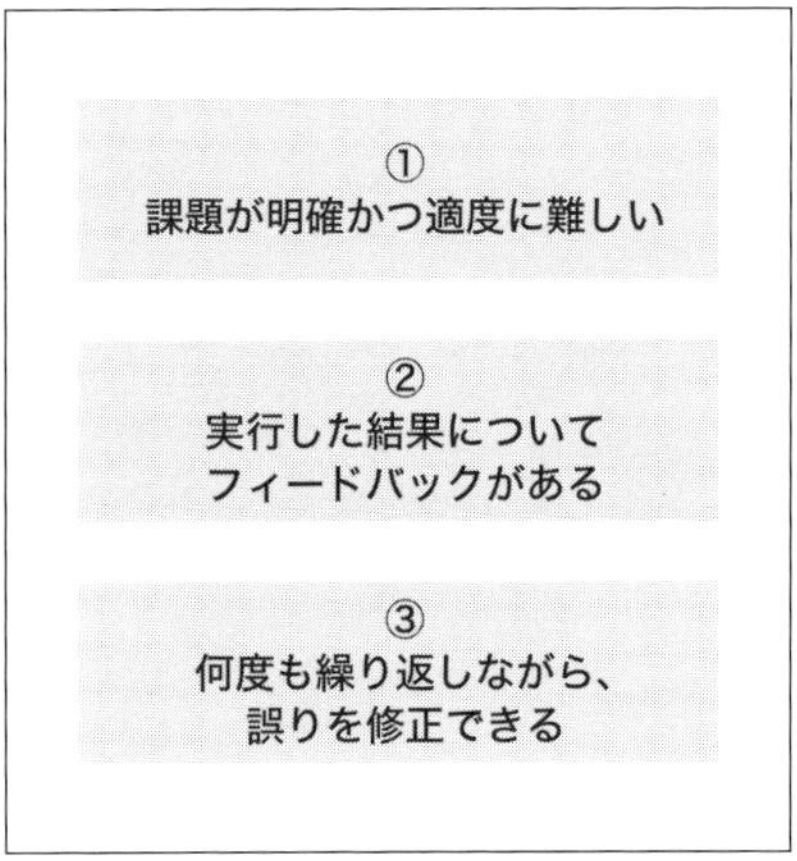

①
課題が明確かつ適度に難しい
②
実行した結果について
フィードバックがある
③
何度も繰り返しながら、
誤りを修正できる

図｜学習効果が期待しやすい経験の条件

トアップ」といった負荷の高い仕事や高度・先進的な仕事などは、学習効果に結び付くでしょう（ここで言う「負荷の高い仕事」には「タイトなスケジュール」「膨大な量」「困難なトラブル解決」など、「高度・先進的な仕事」には「ゼロから作り上げる」「社内に前例がない」「最先端技術を扱う」などの条件が伴います）。

ではなぜ、リーダーシップ開発で一皮むける経験が重要になるのでしょうか。

一つは、仕事のスキルや人間関係構築力など、すべてを包含した総合力が底上げされることです。一皮むける経験では、これまで経験したことのない様々な問題が表面化します。そうした「何が正解かわからない」状況下で、主義・主張の異なる意見を取りまとめたり、実行と検証を繰り返したりしながら最適解を導き出す。こうした経験が、総合力を高めるのでしょう。

もう一つは、リーダーとしての自信の獲得です。平常時であれば、一定のパフォーマンスを発揮できる人も、過酷な環境に置かれると本来の力をまったく出せなくなってしまうことは珍しくありません。一皮むける経験を積むことで、こうした難局に押しつぶされることなく、必要な行動を取れるという自信がつくのです。

なお、一皮むけた経験で興味深いのは、「ロールモデルとの出会い」という人間関係に関する経験も含まれることです。ある研究によれば、ネガティブなロールモデルによってもたらされた一皮むけた経験は、ポジティブなロールモデルによりもたらされたそれと同頻度で発生していました。つまり、反面教師との出会いも「一皮むけた経験」につながる、ということです。「この上司とは、何だか合わない」と安易に距離を置けば、リーダーシップ開発の機会を失いかねないのかもしれません。

■一皮むける経験が有効なのは、経営リーダー

人事異動に関する研究を見ていくと、一皮むけた経験を積むことの弊害もあるように読み取れます。

たとえば、ゼネラリスト型の人材育成では、ジョブ・ローテーションで様々な部署を経験させて適性を見極め、経営幹部候補を選抜します。しかし、企画開発部門から経理部門への異動のように、関連性が薄い業務に異動すると、技能形成が阻害されるという結果もあります。別の研究によれば、これまでと類似性の低い仕事に異動することで、係長・課長への昇進が半年弱遅れています。

これは、日本企業特有の弊害かもしれません。人事権が強い日本企業では、様々な部署を経験しながら出世していくことが多い。部署が変わり、これまでとはまったく仕事に携わる。右も左もわからないまま、仕事に向き合うのです。

しかも、会社側が設定する仕事経験には、達成不可能なゴールもあれば、達成確率が50％のゴールもあれば、８割の確率で達成できるゴールもある。当然、経験のハードさも変わってきます。そのため、アサインする人材を間違えれば、疲弊や離職につながりかねない。つまり、一皮むける経験につなげるには、アサインする側の力量も求められるのです。

それ以上に重要なのは、ゴールが達成できなかったときにも、挽回できるようにしておくことです。一皮むけるには、必ずしもゴールを達成する必要はありません。「大失敗しました。しかし、その経験で一皮むけました」ということもあり得る。会社も個人もこうした視点を持てるかどうかが重要です。

では、どうすれば適切な経験をアサインできるでしょう。

多くの企業では、人事担当者が担当役員とともに、経営幹部についての人事異動プランを作成し、経営層の承認を得ています。ただ、このやり方では人事部の意向が強く働き過ぎるため、人の好き嫌いが出やすく、思い込みも発生しやすい。

それに対して、リクルートでは「人材開発委員会」という会議で、経営幹部も含めて中堅社員以上全員のキャリアプランを練っています。年2回行われるこの会議では、役員が部長について、部長が課長について、個々の能力や適性を評価。個々人の〝現在地〟を把握した上で、「どういう人材に育てたいか」「そのために、どのような経験を積ませるか」を議論する。つまり、現在地と目標のギャップを把握し、その差（課題）を埋めるために必要な経験を考え、仕事のアサインや配属を決めるのです。こうした課題は配属先の上司にも共有され、日々の業務レベルに落とし込まれることで、成長できる質の高い経験につなげられます。

注意したいのは、これまで議論してきた一皮むける経験は経営リーダーを育成するための考え方である点です。これを、現場の一般社員にみだりに適用するのはお勧めできません。課題の難易度が過剰に高いと、理不尽と感じて、パフォーマンスの低下を招いたり、離職につながったりしかねないからです。

【バイアス⑯】人の能力は基本的に、固定的で変わらない

【固定理論と増大理論】

固定理論とは「人の能力は固定的で変わらない」とする考え方、増大理論とは「人の能力は努力によって伸ばせる」とする考え方を指す。個人が何の疑いもなく抱いている知能に対する信念である「暗黙の知能観」には固定理論と増大理論がある。フィードバックする人がどちらの考え方を持っているかによって、フィードバックの効果は変わる。

■どのような考え方で、人材を育成するべきか

人材育成の考え方は、大きく二つに分けられます。

一つは、社員は仕事するなかで勝手に育っていくという考え方。これは、外資系金融やスタートアップ企業などに多いアプローチです（スタートアップや中小企業の場合、そもそも育てる余裕がないのかもしれませんが……）。こうした企業では、結果についてのフィードバックはあっても、育成につながるフィードバックは少ないため、社員は自ら成長していかなくてはなりません。成長できない社員は淘汰され、自ら成長できる社員本人が生き残る。人事部の仕事はある意味、人材をふるいに掛けることになるでしょう。

もう一つは、会社が社員を育成するという考え方。日本の大企業の多くは、このアプローチを採っています。こちらは、手厚い育成プログラムに基づいて、研修を実施し、上司が部下に定期的に育成につながるフィードバックをする。一定の育成期間中、社員は成長を待ってもらえるのです。

こうした違いの背景には、人材育成に関する思想の違いがあるのかもしれません。「人が成長するかは、その人の資質次第。育てられるなど、おこがましい」と考える人もいれば、「人は必ず変われる。手塩にかければ成長する」と考える人もいる。この思想の違いが、会社の人材育成方針に現れているのです。

では、どちらの考え方が正しいのか。

正解はわかりませんが、少なくともフィードバックの違いが人の成長を左右することはあります。たとえば、学生を対象にしたライティングセミナーに関する調査によれば、どのようなフィードバックをするかによって、成長の質が変わりました。

この調査では、学生が書いたエッセーに対して、一方は「文法や語彙、綴りといった文章の形式」についてフィードバックし、もう一方は「文章の内容」についてフィードバックしています。その後、再度エッセーを書いてもらい、両者を比べた。すると、前者は分法の正確性などが増した一方、エッセーの中身が薄く、短くなりました。これに対して、後者は中身が充実して良くなった。

同様に、新人の指導でも、「お辞儀の角度」といった作法ばかり注意すると、「何を話すか」に気が回らなくなるかもしれません。

人は指摘されたことに目が向いて、その他のことが疎かになる傾向がある。これは、人の認知能力が有限だからかもしれません。もちろん、形式や作法を蔑ろにしていいわけではありませんが、本質はそこではない。まずは内容についてフィードバックして、その後に形式をチェックし問題があれば伝える、この順番が重要なのではないでしょうか。

■フィードバックする人が持つ「暗黙の知能観」で効果が決まる

学術研究によれば、フィードバック効果を高める上で重要になるのは、まずフィードバックした人とされた人の関係性です。フィードバックされた人がフィードバックした人を尊敬していると、効果が高まります（ある意味、当然のことかもしれませんが……）。

研究では、「上司との関係性が良好だと部下は自らフィードバックを求める傾向がある」とも指摘されています。逆に、関係性の悪い人がフィードバックすると、「学習活動が抑制され、相手が「改善しようという気が起きない」状態になってしまう。このように、フィードバックの効果には相手との関係性が影響しています。

さらに、フィードバックする人が持つ「暗黙の知能観」も、フィードバック効果に大きな影響を与えます。暗黙の知能観とは、個人が抱いている知能に対する潜在的な考え方で、固定理論と増大理論に大別できます。固定理論は「人の能力は生まれつき決まっている」という考え方、増大理論は「人の能力は可変である」という考え方。キャロル・ドウェック*によれば、人はいずれかの考えに強く影響を受けています。

*キャロル・ドュエックはスタンフォード大学心理学教授。著作に「Ｍｉｎｄｓｅｔ」（邦題『「やればできる!」

の研究』（草思社））がある。

ある研究によると、増大理論を持つ先生のほうが学生の成長を支援する傾向があります。こうした先生からフィードバックを受けた学生もまた、その信念の影響を受けて、変わろうとする。つまり、増大理論を持つ人のフィードバックは頻度も効果も高いのです。

■「人は変われる」と思う人の下で、人は成長する

固定理論を持つ上司と増大理論を持つ上司を比較すると、フィードバックの回数も変わってくるでしょう。増大理論の上司は、「部下の能力を高められる」と思っているので、自分の働きかけに「意味がある」と考えて、フィードバックの回数が増える。

一方、固定理論の人にとって、評価面談の目的はあくまで評価です（あるいは、評価の妥当性を説明することです）。面談で1回フィードバックして変わらなかったら、「この人はどうせ変わらない」ともう働きかけない。「この人にこれはできない」「この人はこういうところがダメ」と決めつけます。

極端に言えば、部下がある失敗をしたとき、固定理論の人は「そういう失敗をする人」という前提で考えて、「また絶対やるよね」という前提でフィードバックをする。

こうしたことを踏まえると、管理職に昇進させる際には、その人が持つ知能観を選考基準の一つに入れてもいいかもしれません。たとえば、育成が重要になる部署の管理職には、増大理論の人を

積極的に登用するのです。

ただ問題は、経営者のなかには、白黒はっきり付けて判断する、ある事実から過度に一般化したがる人もいることです。ちょっとした行動から、「あいつはまたやるだろう、俺にはわかるんだ」と決めつける。こうした思考傾向は、事業においては、スピーディーに判断できるという意味でプラスに働くかもしれない。しかし、人材育成という意味では、マイナスに働く可能性が高いでしょう。


ではどうすればいいのか。

経営者自体が人材育成についての考え方を変えてくれれば問題ありませんが、なかなか難しい（と固定理論で考えてはいけませんが……）。もし難しければ、間にクッションを置く方法もあります。人材育成についての方針は経営者ではなく、人事部長が最終判断するなどの措置を採るのです。経営者はあくまでも素早い判断が求められる事業マネジメントに専念して、「我慢」や「忍耐」が求められる人材マネジメントは別の人に割り振るわけです。

なお、人事部の育成担当には必ず増大理論の人を配属しましょう。「人は変われる」と思えない人には、育成や採用は難しいからです。増大理論の人は、「人は変われる」と信じているからこそ、フィードバックする内容をよく考える。そのため、質が高くなる。だからこそ、フィードバックの効果が高まるのではないでしょうか。

【バイアス⑰】社員の成長を促すには、学習を評価しなくてはならない

【達成目標理論】

達成目標理論とは、スタンフォード大学のドゥエックらの研究を端緒に、「人が課題をどのように捉えているかは、当人の行動・認知などに影響を与える」ことを検討した理論である。当初、自分の能力を伸ばすことを目指す目標志向性は「学習目標」、能力に対して好ましい評価を得ること、もしくは好ましくない評価を避けようとする目標志向性は「遂行目標」呼ばれたが、後に前者が「熟達目標」、後者が「遂行目標」と呼ばれるようになった。

■なぜ、学習し続ける姿勢を身に付けさせるのは容易でないのか

「自分を成長させたい、新しいことにチャレンジしたい」といった意欲を持ち続ける、成長志向の人材を採用したいというのは、経営者や人事担当者の偽らざる本音でしょう。自らの成長欲求をモチベーションにして自律的に学習し続けられる人材。社内がそのような人材で溢れていれば、素晴らしいことかもしれません。

しかし現実には、そのような状況が簡単には実現しないことを、経営者や人事担当者は体感しています。だからこそ多くの企業が、社歴や職位に応じた教育研修やキャリア開発研修など、学習意

欲を喚起するような施策を講じているのでしょう。多くの企業が職務等級制度*を導入している背景にも、次の職務等級というステップを用意することで、成長を動機付けたいといった目的があったと思われます。企業は、自らの成長に向けて学習し続ける姿勢を社員に身に付けてもらいと考えているのです。

＊職務等級制度とは、職務の難易度・重要性によって等級を決定する人事制度。職務等級制度では、職務記述書（ジョブ・ディスクリプション）などによって職務内容を明確に定義することが必要になる。なお最近は、経営目標を達成するために個々の社員が果たすべき役割を明確にし、役割に等級をもたせる「役割等級制度」の導入も増えている。

ただ、現在の人事施策がうまく機能しているかと言えば、必ずしもそうとは言えません。たとえば、職務等級制度では通常、職務ごとに求められる要件を職務記述書で規定していますが、それが必ずしも成長の意識付けにはなってはいない。理由は、要件と成長プロセスが曖昧である点です。職務記述書に記される職務内容以外の要件は多くの場合、その職務に求められるスタンスやマインド、せいぜい取るべき行動くらい。どのような時間軸で、どのような経験を積み、どのような知識・スキルを身に付けるべきかのプロセスは明示されていない。これでは、成長イメージが湧きにくいのではないでしょうか。

社員に学習を促すための仕掛けも不足しているように感じます。たしかに、不動産営業の社員が宅建を取得したり、ＩＴ技術者が情報処理試験の資格を取ったりすると、手当が付く会社はあります。また、楽天では役職に応じてＴＯＥＩＣに基準点を設けて、テストの結果を評価に反映させる仕組みを導入しているそうです。しかし、学習機会を提供しても、学習に向かう社員の目的が、報酬や評価、同僚との競争意識だけでは、持続的な成長にはつながりにくいでしょう。

たとえば、以前は盛んに行われていた社費によるMBA留学が最近下火になったのは、MBA取得後に社員が次々と給与の高い外資系企業やコンサルティングファームに転職してしまったからです。これはひょっとして、MBA取得によって得られる評価や報酬などを重視する人材をアサインしていたからかもしれません。もし、MBAで得られる学習自体を重視する社員をアサインし、戻ってきた彼らに学習の成果を社内にフィードバックする機会をきちんと提供していれば、こうした結果にならなかったのではないでしょうか。

自らの成長に向けて走り続ける姿勢を身に付けてもらう適切な仕組みはないのでしょうか。

■目標志向性が、成長に対する姿勢に大きな影響を与えている

「何が、自らの成長に向けて走り続ける姿勢に影響を与えているか」を理解する上では、スタンフォード大学のキャロル・S・ドゥエックらによる研究が参考になります。ドゥエックらは、子どもの学習に対する「無力感」に着目し、達成すべき課題に向き合う姿勢には、大きく二つの志向性があることを発見しました。「学習目標志向」と「遂行目標志向」です。それぞれ課題に対して、学習目標志向は「課題を解決して、自分の能力を高めたい」という態度で向き合い、遂行目標志向は「自分の能力の高さを証明して、良い評価を得たい（悪い評価を避けたい）」という態度で向き合います。この違いは、達成するべき課題を「成長」の手段と捉えるか、「評価」の手段と捉えるかと

いう志向性の違いから生じるのでしょう。

さらにドゥエックらは、二つの目標志向性の背後にある「知能観＝知能に対する考え方」に着目し、「増大理論＝知性や能力は変化しやすいものであり、強化したり、コントロールしたりできる」と「実態理論＝知性や能力は持って生まれたもので、変化しにくく、なかなかコントロールできない」の二つに分類しました。

そして後続の研究から、二つの目標志向性と知能観の関係性が明らかになりました。すなわち、

学習目標志向
課題を解決して、自分の能力を高めたい
遂行目標志向
自分の能力の高さを証明して、良い評価を得たい（悪い評価を避けたい）

図｜達成すべき目標に向き合うときの志向性（目標志向性）

増大理論
「知性や能力は変化しやすいものであり、強化したり、コントロールしたりできる」という信念
実体理論
「知性や能力は持って生まれたもので、変化しにくく、なかなかコントロールできない」という信念

図｜二つの目標志向性の背後にある知能観

学習目標志向が高い人は増大理論の傾向が強く、遂行目標志向が高い人は実体理論の傾向が強かったのです。

こうした研究を踏まえて、ドゥエックは後に、「自分の才能や能力は、経験や努力によって向上できる」という考え方を指す「グロース・マインドセット（学習目標と増大理論に対応）」と、「自分の才能や能力は、努力をしても向上しない」という固定的な考え方を指す「フィックスト・マインドセット（遂行目標と実体理論に対応）」という二つの概念を提唱しています。

学習目標志向が高い人
増大理論の傾向が強く、新しい学びや異なる方法を試みる課題を選択する
遂行目標志向が高く、無力感を持つ人
実体理論の傾向が強く、失敗や心配をせずに済む、楽しくて簡単な課題を選択する

図｜二つの目標志向性と知能観の関係性

学習目標志向が高い場合
問題解決に「有効な」手立てを採る
遂行目標志向が高く、自己効力感が高い場合
問題解決に「有効な」手立てを採る
遂行目標志向が高く、自己効力感が低い場合
問題解決に「有効ではない」手立てを採る

図｜二つの目標志向性と自己効力感との関係性

二つの目標志向性と自己効力感との関係性も研究されました。子どもたちに図を用いた課題に取り組ませたところ、自己効力感が高いと、目標志向性の違いにかかわらず、問題解決に有効な手立てを採る。一方、自己効力感が低い場合、学習目標志向の高い人は問題解決に有効な手立てを採る一方、遂行目標志向が高い人は問題解決に有効ではない手立てを採った。

なお、「人が課題をどのように捉えているかが当人の行動・認知などに影響を与える」ことを提唱したドュエックの理論はその後、「達成目標理論」と呼ばれるようになり、現在、「学習目標」は「熟達目標」と呼ばれています。

このように、目標志向性の違いが、成長に対する姿勢や問題解決行動に大きな影響を与えていたのです。

■成長を促すには、熟達目標が求められる場が必要になる

同じ課題を設定しても、それを成長の機会と捉えて挑む人もいれば、周囲の目を気にして「少しでも高く評価されたい」「失敗したくない」と考える人もいる。前者は「熟達目標志向が高い人」であり、後者は「遂行目標志向が高い人」です。

つまり、自らの成長に向けて努力する姿勢を身に付ける上で鍵となるのは、熟達目標志向の高さです。「組織として熟達目標志向性を高める」必要があるのです。

では熟達目標志向を高めるために、どのような人事施策が有効でしょう。他人との競争に目を向かせるのは遂行目標志向を高めるため、結果のみによる相対評価を避ける必要があります。重要な

のは、社員が自ら学習する環境を作ることです。そのためには新しいことに挑戦した際の失敗については許容することが求められます。

採用面では、熟達目標志向の高い人を積極的に採用した上で、遂行目標志向が高い人に対しては自己効力感が低下しないように、あるいは高い状態が保てるように働きかけます。

評価制度に、成長目標を組み込めばいいのでしょうか。それには、懸念があります。仮に、「学ぶ姿勢と成長度合いを評価する」ことを評価制度に組み込むと、「評価されたいから学習する」という形で遂行目標志向が高まる可能性があります。そのため、目標自体を操作するのではなく、目標志向性を操作するような仕掛けを考えましょう。目標と目標志向性を切り分けて考えるのです。

まずは、社内に学習機会を設け、熟達目標志向が高い人にとって居心地の良い場を社内に作り出してはいかがでしょう。たとえば、外部の講師を招いて無料で学習機会を提供するなどの方法が考えられます。

ある程度熟達目標志向が高まったところで、ポータブルスキルの取得を成長目標に設定するといいかもしれません。外部のセミナーやイベントなどにも参加することで、社内だけでなく、社外の成長意欲豊かな人とも接するようにすれば、熟達目標志向が高まるでしょう。

【バイアス⑱】社員の自発的な学習を促すには、研修が有効である

【目標志向性】

目標志向性とは、課題にどのような態度で向き合うかの志向性を指す。一般に目標志向性は、他者からの評価を求める遂行目標志向、自身の学習を求める熟達目標志向に分けられる。目標志向性は課題の達成水準に大きな影響を及ぼすことが明らかにされている。なお、熟達目標志向の方が高い水準に達する可能性が高い。

■社員の自発的な学習を促す上で、研修は有効なのか

多くの会社では現在、社員の自発的な学習を促すための人事施策が採られています。よく採られている施策が、人材育成のカフェテリアプラン＊です。社員に何を学ぶかを選ばせることで、自発的な学習を促すわけです。研修会社と年間契約して、用意されている研修リストから好きなものを選べるようにしている会社もあります。

＊カフェテリアプランとは、企業が社員に提供する、選択可能な福利厚生制度のこと。通常は、一定期間ごとに会社が社員にポイントを付与し、社員は保有しているポイントを消費する形で、好きな福利厚生制度を利用できる。宿泊施設やスポーツジム、育児や人間ドッグ、旅行やレジャーといったいわゆる福利厚生制度に加えて、

研修の受講や書籍の購入などのメニューを揃える会社も増えている。

ただし、カフェテリアプランにおいてどのようなメニューを用意するかを決めるのは、基本的に人事部です。社員は、決められた範囲内で選ぶしかない。カフェテリアプランであっても、会社主導の学習プログラムであることに変わりはないのです。

本来、社員の自発的な学習を促すのであれば、「何を勉強してもいい」というくらい振り切った方がいいかもしれません。たとえば、３Ｍやグーグルに導入されている、勤務時間の一定割合を自分が興味を持った分野の学習や実践に使える制度です。日本でも一部の先進ＩＴ企業では、部活と称して業務とあまり関係がない技術の学習を奨励したり、機械学習コンペティション＊で優秀な成績を収めた社員には業務時間をその勉強に当てる許可を与えたりしています。

＊Kaggleに代表される機械学習コンペティションでは通常、データを提供するスポンサー企業・団体が、「そのデータを分析することで何らかの知見が得られる」問題を出し、その問題に対して参加者（Kagglerと呼ばれる）がモデルを構築し、モデルから得られる知見のベストスコアで順位を競う。Kaggleでは、たとえばメルカリが「販売者への自動価格提案アルゴリズムのコンペティション」を開催している。

ほかにもＩＴの世界では、インフォーマルな勉強会やプロジェクトが社内外の有志で定期的に行われています。

ただＩＴ以外の世界で、こうした自発的な取り組みは難しいかもしれません。その意味では、たとえば自発的な学習のきっかけとして、自らテーマを設定し、企画を立てるビジネスプランコンテストの開催は有効でしょう。新規事業や新商品・サービスの開発では、通常業務と異なる知識や取り組みが求められます。それが、社員の自発的な学習につながるのです。

このように自らの興味に従って学び、実践し、社会に新しい価値を提供する人材が求められています。成熟産業では、そうした人材がいなければ、会社が衰退するからです。では、そうした人材をどのように育てればいいのでしょう。

■学習者中心型のアプローチによって、熟達目標志向を高める

主に教育学の分野において「どのような教育をすれば、自発的な学習を促せるか」が研究されてきました。

そもそも、教育法には大きく分けて二つの考え方があります。一つは教師主導型のスタイル。これは、教える側がカリキュラムを用意して、そのカリキュラムに沿って伝授することで、知識を習得させるアプローチです。教師主導型の究極は、「百マス計算」*のような詰め込み型教育です。

*百マス計算とは、縦10×横10のマスの左と上にそれぞれランダムに数字を並べ（0から9が多い）、それぞれ交差するところに指定された計算方法（加法、減法、乗法、除法など）の答えを記入する計算トレーニングのこと。岸本裕史の担当するクラスの児童の発想で生まれ、その後、弟子筋の陰山英男らが授業で活用し、小学生の基礎学力向上に成果を見せたことにより、陰山メソッドとして話題となる。

もう一つは学習者中心型の教育スタイル。こちらは学習者、つまり学ぶ側の興味を尊重し、その

興味を活かした学びを支援するアプローチです。実は、ゆとり教育における「総合的な学習の時間」は、学習者中心型の授業を実施しようとした時間でした（総合的な学習の時間は、うまく活用している先生もいれば、活用できない先生もいて、賛否を呼びましたが……）。

学習者中心型の授業では、何を教えるべきかがあらかじめ決まっていません。学習者の関心を引き出し、それを学びにつなげていきます。教師は、学びのプロセスに対する援助者として振る舞うことが求められるのです（二つの学習スタイルの是非は、つねに議論の対象であり、振り子のように、ある時代は教師主導型に振れ、ある時代は学習者中心型に振れています）。

研究によれば、教師主導型のアプローチでは遂行目標志向が高まり、学習者中心型のアプローチでは熟達目標志向が高まることがわかっています。これを企業の文脈に置き換えると、研修プログラムなどは教師主導型であり遂行目標傾向が高まりそうです。一方、企業内における学習者中心型の取り組みはあまり見当たりません。ただ実践できれば、熟達目標志向を高められそうです。

■熟達目標志向を妨げるものを、排除することが重要

そもそも、社員を相対評価している一般の企業では遂行目標志向が高まる可能性が高い。そのため何らかの働きかけをしなければ、入社後に熟達目標志向を大きく高められそうにありません。まず、会社としては、熟達目標志向が高い人の採用が重要になります。熟達目標志向の高い人が採用面接などで見つかったら、別枠で採用してもいいかもしれません。

実際、ある日本のＩＴ企業では、「廃人性」という採用基準を設けるなど、何らかの領域におい

て「その他の面では廃人同然になってしまうほど、凄まじい探究心を持つ人材」の採用を提案しています。こうした人材の重要性は、グーグルの初期の採用方針を調べて気付いたそうです（グーグル創業期の三十数人はいずれも、廃人性の要素を持っていたようです）。

別枠で採用したら、熟達目標志向を妨げるものを慎重に排除します。特に、誰の下に就けるか、周囲に誰がいるかには注意しましょう。「実績が上がらなければ、居場所はないぞ」など、遂行回避目標が高まりやすい言葉を毎日かければ、一年後、周りの顔色ばかり伺う人になってしまうかもしれません。

たとえば、２０００年台初期のリクルート事業開発室に配属されたスタッフは、Ginee＊ＣＥＯの工藤智昭、Kaizen Platform＊ＣＥＯの須藤憲司、元nanapi＊ＣＥＯの古川健介など、多くがその後起業しています。

＊Ｇｉｎｅｅは、ＳＳＰ（アドプラットフォーム）、ＤＳＰ（媒体プラットフォーム）などを提供するアドテクノロジー企業。Ｋａｉｚｅｎ Ｐｌａｔｆｏｒｍは、ＷｅｂのＵＩ／ＵＸ最適化が簡単にできるＩＴサービスなどを提供するＩＴサービスベンダー。そしてｎａｎａｐｉは、ノウハウ（ライフレシピ）共有サービスを運営していた情報サービスベンダー。ｎａｎａｐｉはＫＤＤＩに買収され、スケールアウト、ビットセラーなどと合併。なおリクルートは新規事業開発型の人が多いと思われがちだが、実際には遂行接近目標の高い人材の方が多いと思われる。ベンチャー企業の役員は多くても、起業家タイプはそれほど多くないということだ。ベンチャー企業において、起業家が「やりたい」ことを実行面でバックアップする部隊の長として重宝されたのである。

彼らはＷｅｂベンチャー黎明期、リクルートが採用した熟達目標志向の高い人材なのかもしれません。しかし、こうした人材を既存の遂行目標志向の高い人と一緒にすると、目に見える目標を達成し、評価されることを望む彼らに「俺たちが稼いでいる金を無駄遣いして」などと言われて、潰される恐れがあります。当時の事業開発室は、本社と1本通りを挟んだビルに置かれていました。このように、出島で保護されていたからこそ、彼らは潰されずに生き残ったのでしょう。

熟達目標志向の高い人材は、内発的動機付けで行動する傾向が高いため、わざわざ外発的動機付けをする必要がありません。自由を与えて好きにやらせておけばいいのです。一方、遂行目標志向の高い人はきちんと褒めるなど、外発的報酬を提供しなくてはなりません。この使い分けが重要です（熟達目標志向の高い人材に具体的な報酬を提供すると、逆にやる気を削ぐ可能性があります）。

また新規事業にアサインしてすぐに成果が上がるとは限りません。そこで、一定期間は評価の対象外にするなどの措置も必要になるでしょう。「この部署の評価は全員（SではなくA）とする」など、評価を固定するのです。

遂行目標志向が高い人材が新規事業の立上げに必要ないわけではありません。特に新規事業の方針が見えた段階では、遂行目標志向が高い人材を積極的に巻き込んだほうがいい。事業が回る段階になると、熟達目標志向の高い人は学びが少なくなるために興味を失う一方、目標達成による評価を望む遂行目標志向の高い人がパフォーマンスを発揮する可能性が高いからです。

このように、熟達目標志向の高い人が掘り起こした果実を遂行目標志向の高い人が刈り取るというサイクルが一つの正しいあり方なのかもしれません。（リクルートの事業開発コンテスト「Ｎｅｗ Ｒｉｎｇ＊」においても、大賞を取った人が必ずしもプロジェクトのメンバーとなるわけではないのは、こうした使い分けを意図していたのかもしれません)。

＊リクルートグループの従業員を対象にした新規事業提案制度。当制度のなかで、『ゼクシィ』『R25』『スタディサプリ』など数多くの事業を生み出されてきた。1982年に「Ring」としてスタートし、1990年「New Ring」に改定、そして2018年「Ring」と改称している。

【バイアス⑲】 イノベーター人材は、社内では育成できない

【熟達目標志向と遂行目標志向】

熟達目標志向も遂行目標志向も、「人がどのような態度で課題に取り組むのか」に着目した理論である「達成目標理論」により提示された。熟達目標志向とは、自分の能力を伸ばしたい、何か新しいことを身に付けたいという志向性を指し、熟達目標志向の高い人は努力に対して積極的な姿勢を取る。一方、遂行目標志向とは自分の能力に対して肯定的な評価を求めたい、能力に対する否定的な評価を避けたいという志向性を意味する。遂行目標志向の高い人は、努力したからといって能力が高まるわけではないと考えるため、努力に対して消極的な態度が見られる。

■イノベーター人材とはある意味、オタク気質を持った人なのか

「社内にイノベーター人材が育たない」と嘆く経営者によく出会います。しかしそうした人に限って、イノベーター人材とはどういう人なのかを理解していない。では、イノベーター人材とはどのような人でしょうか。

イノベーションの研究によれば、イノベーター人材に必要な要素は大きく分けて「知的好奇心に

基づいて新たなアイデアを得ること」「新たなアイデアを実現させるべく、交渉・調整すること*」の二つです。

*社内で新たなアイデアを交渉・調整することの重要性は、イノベーションプロセスの研究において指摘されている。『イノベーションの理由』（武石 彰、青島 矢一、軽部 大 著、有斐閣）によれば、革新的なアイデアや技術は社内で理解されにくく、抵抗を受けやすい。それらの壁を乗り越えて、具体的な製品やサービスとして事業化し、経済的な価値をもたらす過程で、交渉・調整が必要になる。

このうち前者とは、歴史の勉強をしている最中に当時の地質が気になりだして、夢中になって調べているうちに、何を勉強しなくてはならなかったのかを忘れてしまうような人をイメージするといいでしょう。イノベーター人材とはある意味、オタク気質を持った人かもしれません。つまり周りの目を気にせずに、自らの知的好奇心を満たすために、拡散的に学習し、そこからイノベーションの種を見つけるのです。

一方、学校で評価されるのは、主に決められた方向に真っ直ぐ走るタイプ、あるいは他人との競争に勝ち評価されたいと思うタイプです。自分が興味を持てるものにばかり異常に力を注ぐイノベータータイプは、あまり評価されずに学校社会で淘汰されがちです。

ビジネスの世界もまた、これまではイノベーター人材が受け入れられにくい土壌でした。経営者がビジネスのやり方を学んだのはスポーツが多かったことにも、こうした土壌が現れています。

スポーツはいずれも、一定のルールの下で互いに競い合うゲームです。ただ、現在の会社経営にスポーツの考え方を適用するのはリスクが高いのではないでしょうか。ルールの中で戦うよりも、ルールを上手く破ったり、新しいルールを作る方が重要になっているからです。

現在は、ある種のオタク的なイノベーター人材が圧倒的な成果を生み出す時代です。少数の優秀なＩＴオタクがビジネスのルールを変えることさえ可能になっています。グーグルに代表されるシリコンバレーのＩＴ企業が採っている戦略などはそうしたアプローチです。ＩＴの分野において、自発的に学習する優秀な才能を集めて、彼らに集中投資することでイノベーションを起こしているのです。

日本のビジネス界でも、こうした考え方を是とするマネジメントが求められているのではないでしょうか。

■イノベーター人材とは、熟達目標志向の高い人である

「イノベーター人材とはどのような人か」の理解には、「達成目標理論＊」の研究が参考になります。

＊達成目標理論とは、「人が、どのような態度で課題に取り組むか」に着目した動機付け理論である。一般に、スタンフォード大学のドゥエックとニコラスの研究に基づいてエイムズとアーチャーは、能力を伸ばしたいと考えて課題に取り組む「熟達目標」、自分の能力を評価されたいと考えて課題に取り組む「遂行目標」に分類した。

達成目標理論の研究では、「どのような態度で課題に取り組むのか」によって、人の目標志向性を熟達目標志向と遂行目標志向に分けました。熟達目標志向の高い人は努力に対して積極的な姿勢を取る一方、遂行目標志向の高い人は努力に対して消極的な態度が見られます。

熟達目標と遂行目標が定義されたことで、達成目標理論は研究者の注目を集めました。このうちビジネスパーソンを対象とした研究によれば、遂行目標志向の高い人はハードワークを厭わず、労働時間を増やすのに対して、熟達目標志向の高い人は熱心に働くだけでなく、仕事のやり方を工夫することがわかっています。

また熟達目標志向の高い人は、周りからの評価ではなく、自らの成長のために仕事に取り組みます。この傾向は、失敗に対する態度でも現れます。失敗した後、熟達目標志向の高い人は「うまくいかなかったということは違う方法が必要」と認識する。つまり「自分のやり方は良くなかったから、別のやり方でやればいい」と考えるのです。一方、遂行目標志向の高い人は、失敗すると「自分の低い能力が周囲に露呈してしまった」と落ち込む。自分の能力が足りないから失敗したと考えるのです。

このように熟達目標志向はイノベーター人材の特徴と似ています。熟達目標志向さえあれば、イノベーションを起こせるわけではありませんが、イノベーター人材が持っておいた方が良い志向性であることは間違いないでしょう。

なお、熟達目標志向は、思春期を迎え、他者の目を気にするようになると低下することが、指摘されています。これは、学校教育の過程でテストや成績といった、外的な競争要因が増えるためであると考えられています。熟達すること自体を楽しめなくなってしまうのです*。

＊他者を意識することがすべて悪いわけではない。他者との比較は高次な認識のなせる技であり、それは社会活動を営む上で必要な能力である。他者を意識できなければ、新しいアイディアを思いついたとしても、社

内でそのアイデアを広めるところでつまずくだろう。

■イノベーター人材が育たないのは、仕組みを取り入れないマネジメント側の責任

イノベーションを起こすには、熟達目標志向の高い人が必要なことはわかりました。しかも希少人材なので、採用に力を入れないと簡単には見つかりません。もし採用面接でそのような目標志向性を持つ人材を見つけたら、何としても入社させましょう。

ただ、採用と同様に重要なのが、採用後の育成です。熟達目標志向の高い人は、どのように育てればいいのでしょう。

イノベーター人材を育成するには、どのようなマネージャーの下でどのような仕事をさせるかが重要になります。もちろん、この二つはどのような人材にとっても重要ですが、熟達目標志向の高い人の場合、特に重要になるのです。それは、そうしないと会社を辞めたり、本人の良さが出ずに塩漬けになったり、気が付くと遂行目標志向に変わったりといった事態が起こり得るからです（実際、日本の企業ではそうした例をよく見ます）。

また熟達目標志向が高い人に向いているのは、複雑性の高い仕事です。逆に言えば、シンプルな仕事をやらせると活躍できない可能性が高い。また、知的好奇心を喚起する課題と、できれば自由な時間を与えましょう。先進企業などが設けている15％ルール＊なども、こうした自由を保証する制度と言えます。こうした取り組みから、３Ｍからはポストイット、グーグルからはＧメールなどのイノベーションが生まれています。

＊3Mやグーグルなどの先進企業が行っている取り組みで、執務時間の何割かを自分の好きな研究に使ってよいとする仕組みのこと。3Mでは、「15％カルチャー」とも呼ばれる。3Mでは15％、グーグルでは20％に設定されている。

最近、一部の先進企業が導入している「社内FA制度」や「副業」も選択の自由を保証する制度と考えられます。行きたい部署からの求人に応募する、会社で働きながら別の会社や団体のプロジェクトに参画するなど、課題を自由に選択する経験を通じて、自分の興味と能力を伸ばすわけです。

副業の場合、マネジメント側は、参画するテーマと本業との一貫性を求めがちです。しかし、熟達目標志向の高い人は様々なテーマに興味を持ちます。それが、結果としてうまく機能するときもあれば、機能しないときもある。ただ最初からテーマに制限をかけると、熟達目標志向の高さが活かせません。

一方で、自分が評価されるための副業はあまり良い効果は生まないでしょう。それは、遂行目標志向が高い人の考え方だからです。少なくとも最初は、自らの興味に基づいて熟達目標志向に基づく副業が望ましい。たとえば、ITエンジニアが与えられた仕事とは別に、スマホアプリを開発してストアで売る、オープンソースソフトウェア＊のプロジェクトに参加する、GitHub＊などにソースコードを投稿するといった行為であれば、学びが得られるため、良い結果を生みます。

＊オープンソースソフトウェアとは、利用者の目的を問わずソースコードの改変や再配布が自由に認められている無償ソフトウェアの総称。OSSとも呼ばれる。よく知られているOSSには、「Linux」や

「Ａｐａｃｈｅ」、「ＭｙＳＱＬ」や「ＷｏｒｄＰｒｅｓｓ」などがある。またＧｉｔＨｕｂとは、Ｇｉｔ（プログラムのソースコードなどの変更履歴を記録、追跡するための管理システム）の仕組みを利用して、世界中の人々が自分の作品（プログラムコードやデザインデータなど）を保存、公開することができるようにしたＷｅｂサービス。

もちろん、イノベーター人材に対する15％ルールの適用、あるいは社内ＦＡ制度や副業などの導入は簡単ではありません。「そもそもウチの会社には合わない」という声もあるでしょう。しかし、「イノベーター人材を育てたい」のであれば、こうした取り組みは欠かせません。

なお、熟達目標志向の高い人は必ずしも高学歴とは限りませんが、多くの場合、能力が高い。長い時間かけてやり続けるからです。しかも、問題解決志向も高い。失敗を恐れず、周りの目を気にせずに、どんどんと探索を進めていくため、試行錯誤の量が必然的に多くなるからです。

熟達目標志向の高い人は、評価制度で与えられた目標をあまり気にしません。自分が学びたいテーマを追求します。しかし、最終的にはかなりのハイパフォーマーになっていく。「努力は夢中に勝てない」と言いますが、好きでやっている人には勝てないという意味で、ある種、残酷な結論かもしれません。

3章 評価に関するバイアス

【バイアス⑳】 厳格な評価制度によって、組織がうまく回る

【年功給と職能給】

年功給とは、年齢と学歴に応じて賃金額と賃金上昇比率が規定され、勤続年数に伴って基本賃金が上昇する賃金形態のこと。勤続による習熟が能力の向上とリンクしていることを前提としている。一方、職能給とは、職務遂行能力を評価して賃金を決定する賃金形態のこと。年功給は職能給の一つとも捉えられ、職務遂行能力を「年齢・勤続年数」という軸で評価したものと位置付けられる。

■相対評価は人をやる気にさせるのか

組織をマネジメントする上では、評価が必須であると考えられています。企業は、何らかの考え方に基づいて儲けたお金を分配しなくてはならないからです。一方、誰もが納得できる評価というものは存在しません。社員のほとんどは評価とそれに紐づく報酬に不満を持っています。

「もし評価しなければ、市場価値の高い人から順に辞めていく」と評価をしないことによるデメリットを指摘する人もいます。しかし、立ち上げ期のベンチャー企業では評価などほとんど実施していない。それでも全員が一生懸命働いています。逆に、評価しないからこそ、余計な感情が芽生えずに働けている気もします（こうした企業に、大企業出身の人事が入社して、大企業型の人事制度を導入するのは、実は非常にリスクの高い行為です）。

もちろんこれは、自らリスクを取った人が集まるベンチャー企業特有の現象かもしれません。一定規模以上の会社では、どのように資源を配分するかに頭を悩ましているのは事実です。ただ、社員が順位付けばかりを気にすると、あまり良い効果を生みません。逆に言えば、評価から社員の目をいかにうまくそらさせるかが、組織マネジメントの鍵ではないでしょうか。

実際、組織がうまく回っている会社でも、評価制度はあまり厳格でないことが珍しくありません。そもそも年を取ると給与が上がるという年功給自体、非論理的な制度ではないでしょうか。しかし、「年を取ったら給料が上がる」と思えば、相対評価を一旦忘れられます。

高度成長期、相対評価をあまり気にしなかったため、失敗を恐れずに、職位や年齢を超えて全員で率直に会話でき、新たな事業やアイディアにつながっていたのかもしれません。職能給を年功序列的に運用していたことが、日本企業躍進の一端を担っていた可能性さえあります。成果主義などの導入で、社員が人事評価を過度に気にするようになったことが、現代の日本の閉塞感を生んでいるのではないでしょうか。

■社員の目標志向性には、評価手法や組織風土が影響を与える

学術研究によれば、絶対評価が熟達目標志向を高め、相対評価が遂行目標志向を高めることが明らかになっています。相対評価では、他者と比較されることによって、高い評価を求める社員や低い評価になるのを恐れる社員が生じる。相対評価すれば、社員が他者との比較を意識せざるを得ないのです（そのため、相対評価は集団準拠型の評価方法とも呼ばれます）。逆に絶対評価では、社員は他者と比較されないため、自分の能力向上に集中でき、結果として熟達目標志向を高めます。

また社員の目標志向性が「熟達目標志向になりやすいか」あるいは「遂行目標志向になりやすいか」は組織風土によって変わってきます。では、熟達目標志向が高まる組織、遂行目標志向が高まる組織には、それぞれどのような特徴があるのでしょう。

熟達目標志向が高まりやすい組織では、努力や学習に価値が置かれています。こうした組織は、失敗を学習の一部であると捉え、挽回のチャンスを与えます。一方、遂行目標志向が高まりやすい組織は、他者より良い成績を取ることに価値を置き、失敗が許されません。

また、教育実践に関する研究によれば、「自分の所属する教室は熟達目標志向が高い」と認識すると、人は課題への意欲を示し、テストに対して肯定的な態度を取ります。一方、「自分の所属す

る教室は遂行目標志向が高い」と認識すると、教室への不満を漏らし、テストに対して否定的な態度を取ります。さらに失敗したときに、教員のせいにします。

組織風土の影響は他にもあります。たとえば、「自分の所属する教室は熟達目標志向が高い」と認識すると、助けを求めることが良いものであると考え、周囲に助けを求めます。一方、自分の所属する教室は遂行目標志向が高いと認識すると、援助要請を恥ずかしいことと捉えて、助けを求めません。逆に言えば、援助要請させようとすれば、努力や学習に価値が置かれ、挽回する機会があると認識させる必要があるのです。

この研究が興味深いのは、自分の所属する組織は熟達目標志向が高いと認識すると、個人の熟達目標志向だけでなく、遂行目標志向も高まる点です。熟達目標志向も遂行目標志向も高まることで、自発的な学習がなされるだけでなく、学業成績も向上していたのです。これは「熟達目標志向が高い教室には、学習内容の理解に対する内発的動機付けだけでなく、良い成績を上げたいという外発的動機付けもある」からです。

ただし、「自分の所属する組織は遂行目標志向が高い」と認識すると、個人の遂行目標志向は高まるものの、熟達目標志向は高まりません。

では、自分の所属する組織と個人の目標志向性が異なると、個人はどのような影響を受けるのでしょう。たとえば熟達目標志向が高い個人が遂行目標志向の高い組織に配属されると、葛藤が生じて、目標志向性に基づく行動が阻害されます。特に、難易度が高いなど、仕事に対する要求が高いときには、葛藤の末にバーンアウト*する可能性が高まります。仕事に対する要求度はただでさえバーンアウトの可能性を高めますが、組織と個人の目標志向性が異なると、そのリスクがより高まるわけです。

＊バーンアウトとは、米国の心理学者ハーバード・フロイデンバーガーが提唱した状態。意欲に満ち溢れていた人が、突然〝燃え尽きた〟ように無気力や自己嫌悪に陥って職場不適応や出社拒否の徴候を示すこと。燃え尽き症候群。

■熟達目標志向の高い組織風土を作り、守る必要がある

以上の研究を踏まえると、多くの組織が現在行っている相対評価は組織や個人の遂行目標志向を高めることが予想されます。

では、組織の熟達目標志向を阻害しないようにするには、どのような手段を採ればいいのでしょう。

リクルートは、Indeedという米国テキサスのＩＴベンチャーを買収しました。Indeedは求人情報の検索エンジンであり、地域や職種、条件などを入れて検索するとインターネット上にある求人情報が表示されます（ビジネスモデルは、検索連動型広告と同じです）。

元々、IndeedはＩＴエンジニア集団であり、ある意味、グーグルのような組織文化を持つ会社です。それをリクルートが買収して、営業と組織拡大、そして代理店マネジメントにテコ入れしたことで、売上にドライブがかかり、現在急成長しています。

Indeed買収にあたり、リクルートはかなり慎重に組織マネジメントしています。すなわち、買収

後も本社はテキサスに置き、日本は支社です。また、熟達目標志向の高い個人が多数所属するエンジニア部門と、達成目標志向の高い個人が多数所属する営業部門とは別の場所に置かれ、完全に切り離されてほとんど行き来がないそうです。これくらい徹底しないと、熟達目標志向の高い個人が働きやすい組織文化は守れないのかもしれません。

また、上司の態度も極めて重要になります。特に重要なのは、新しいプロジェクトにチャレンジしたり、それが失敗したりしたときにどのような態度を取るかです。

上司が新しいプロジェクトへの挑戦に否定的な態度を取れば、チームの熟達目標志向は高まりません。メンバーは互いに助けを求めなくなり、プロジェクトの成功が難しくなります。しかも、失敗したときに、上司がそれを許容しない態度を取るとメンバーはチームの愚痴ばかり言い、もし失敗しても自分ではなく、チームや会社が悪いと言い出し、失敗を糧にできないのです。

事業として見込みがあることは前提ですが、上司が新しいプロジェクトを前向きに捉え、そのための努力や学習を認めることが重要です。そうすれば、メンバーも新しい挑戦に意欲を示し、成功させるために互いに助け合うようになります。もし、失敗しても、そのための努力や学習を肯定し、挽回するチャンスは必ずあると言い続ければ、メンバーはやる気を失わず、また新たな挑戦へと向かえるのです。

このような組織風土を醸成することが、熟達目標志向を高める上では必要になります。

【バイアス㉑】 相対評価によって、社員のモチベーションは上がる

【遂行接近目標と遂行回避目標】

達成目標理論によれば、周りからの評価を志向する「遂行目標」には、遂行接近目標と遂行回避目標の二つがある。遂行接近目標とは自分の能力について肯定的に評価されることを求める志向性、遂行回避目標とは自分の能力について否定的に評価されることを避ける志向性だ。遂行回避目標志向の高い人は回避型行動を取り、遂行接近目標志向の高い人は達成型行動を取る。

■相対評価には、どのような弊害があるのか

最近、「人事考課をせずに給与の基本給と賞与は全員同額に設定する」「人事評価にサイコロなど運の要素を組み込む」など、これまでとまったく異なる評価制度で組織をマネジメントする企業がメディアで取り上げられています。ただ現実には、こうした企業はあくまでも例外で、ほとんどの企業は相変わらず相対評価方式*で社員を評価し、報酬を決めています。

*相対評価方式とは、人事評価において、組織内の評価対象同士を相対比較して順位付けする評価の方法。A評価は全体の上位○%、C評価は全体の下位○%などのルールを設けていることが多い。

相対評価方式には、事前に評価基準を明確には定めずにグループ内での対人比較を通じて順位付けをする方法と、グループの実績を元にして個々人のグループへの貢献度で順位付けする方法の二つがあります。いずれも該当期間における実績や能力などから評価対象者の順位が決まり、S評価、A評価、B評価などにクラス分けされて、評価に応じて報酬が設定されます。

しかし、経営層や人事担当者とディスカッションしていると、こうした相対評価方式には弊害が多いことに気付かされます。顕著な例は、評価の低いクラスに分類される人が固定化すること。これはある意味、受験勉強と同じ構造かもしれません。評価が低い人ほど、「悪い点数をとるテストなんて嫌だ」と回避型行動*が強まり、きちんと勉強しない。結果、悪循環に陥って、下の層に固定化されるのです。

*回避型行動とは、自分の能力について否定的に評価されることを避けようとする行動。例えば、難しく解決の自信がない課題に対しては、周囲から能力が低いと評価されないようにあえて初めからやらない、諦めてしまうなどの行動が見られる。

では相対評価方式ではなく、絶対評価方式*にすればいいのでしょうか。これなら、その人自体の頑張りや成長を評価できるため、回避型行動を避けられるかもしれません。

*絶対評価方式とは、組織における順位ではなく、期首に立てた目標の達成度合いや昨期の本人の状態との比較など、他者との比較を行うことなく評価する方式。

ただ企業における評価制度が難しいのは、評価が給与や賞与に反映されることです。報酬の原資に限りがある以上、たとえ全員が頑張ったとしても、S評価の報酬を全員には支払えない。苦肉の策として、評価は絶対評価方式にするが、報酬は評価と連動させていない会社も存在します。しかし、こうした制度には、「報酬＝評価」と考える社員は納得せず、「そもそも評価に何の意味があるのか」という不満も生まれます。

■遂行回避目標志向が高まると、課題解決に向き合えない

「達成目標理論」によれば、目標志向性とは「課題に対する個々人の態度」であり、学習や成長を目的とする「熟達目標志向」と、周りからの評価を目的とする「遂行目標志向」に分類されます。さらに近年、遂行目標志向には、肯定的な評価を得ることを目指す「遂行接近目標志向」と、否定的な評価を避けようとする「遂行回避目標志向」の二つがあり、「遂行接近目標志向の高い人と遂行回避目標志向の高い人の行動は異なる」というエビデンスが示されました。

では、この達成目標理論に基づいて、相対評価方式が社員に及ぼす影響を考えてみましょう。まず相対評価方式で評価すると、遂行目標志向が高まります。相対評価方式ではそもそも他人と比較(順位付け)して評価するため、他者からの評価を求める遂行目標志向が高まりやすいのです。

また、遂行「接近」目標は「その仕事をやりたい」という内発的な動機付けに対してプラスの影響を及ぼす一方、遂行「回避」目標は内発的な動機付けに対してマイナスの影響を与えることがわかっています。つまり、自分を高く評価されたい人は課題解決に前向きであり、ダメ人間と思われたくない人は課題解決に向き合わない。遂行回避目標志向のように、低く評価されたくないという

思いが強いと、課題を放置したり、失敗を隠したりして、前に進めないのです（非合理的ですが……）。

このように遂行接近目標志向と遂行回避目標志向は同じ遂行目標志向でありながら、仕事の行動に対して逆の影響を及ぼすこともある。そのため、相対評価方式の会社で働く遂行回避目標志向の高い人は悪循環に陥り、下の層に固定化されてしまうのです。

では、人の目標志向性は変えられないのでしょうか。

これについても研究があります。すなわち、「三つの目標志向性がそれぞれどういう場合に高まるか」についての研究です。次ページの図に、「過去や将来をどのように解釈するか」によって、目標志向性がどのように変化するかを示しました。

例えば、過去は肯定的に捉えているが明るい未来が見えてないと、遂行回避目標志向や遂行接近目標志向が高まる。逆に将来に期待が持てれば、熟達目標志向と遂行接近目標志向が高まります。興味深いのは、過去に対する捉え方が肯定的でも否定的でも、将来に対する期待が高ければ、熟達目標志向が高まる点です。将来への期待は特に重要なのです。

「援助要請*」やフィードバックに対する姿勢も異なります。熟達目標志向の高い人は、「正しいやり方が何か」を知りたいので、周囲に援助やフィードバックを求める。熟達目標志向の高い人にとって、わからなかったことがわかるため、援助を求めるのはポジティブな行為なのです。

＊援助要請とは、自分だけでは解決できない問題に直面した個人が、問題を解決しようと他者に援助を求めること。ヘルプシーキングとも呼ばれる。

過去の認知	将来の期待	熟達目標	遂行接近目標	遂行回避目標
肯定的	高	高	高	
肯定的	低		高	高
否定的	高	高		
否定的	低			高

図｜過去・将来の解釈による目標志向性の変化

一方、遂行目標志向の高い人は「自分のやり方が正解か」を確かめたいものの、「正解が何か」にはあまり興味がない。だから、援助やフィードバックを求める必要がなく、求めようともしない。間違っていると知られると、自分の能力不足が周囲に露呈すると考えるからです。海外の研究でも日本の研究でも同様の結果が検証されています。

仕事を溜め込んだあげくに最後に「やっぱりできません」という人、「完璧な状態で出さなくてもいいから」と言われても課題を提出しない人が周りにいないでしょうか。こうした態度を取る部下に出会った上司は、理解に苦しむはずです。別に責められているわけでもないのに、自ら逆境に陥ってしまう。周囲に助けを求めようとしない。こうしたタイプの人は、実は遂行目標志向が高く、自らの能力不足が露呈することを恐れるがゆえに、援助要請を脅威に感じてしまっているのかもしれません。

なお、実験研究によれば、特定の目標志向性は比較的容易に高められることが明らかになっています。被験者に対して、Aのグループでは熟達目標、Bのグループでは遂行接近目標、Cのグループでは遂行回避目標の志向性を高めると決めて、各グループに実験の目的を伝えます。

Aのグループには、実験の目的を「正確なデータを得ることです」「知識を得る機会になります」「どのくらい解決方法を身に付けたかをフィードバックします」と、「身に付ける」という言葉を強調する。Bのグループには、実験の目的を「互いに比較することです」「ほとんどの人が同程度の能力でしたが、中には優れた能力を示す人もいました」「この実験は優れた問題解決能力を持つ者であることを示す機会です」「全体のなかで、どれくらい良くできていたかをフィードバックします」と「比較する」という言葉を強調します。そしてCのグループには、「大体、同程度の能力だったのですが、中には劣っている人もいました」「能力が低くないことを示す機会になります」「他の人と比較して、どのぐらい劣っていたかをフィードバックします」と伝えるのです。

このようにすると、実験には元々は様々な目標志向性を持つ人が参加しているにもかかわらず、実験後に狙った目標志向性が高まることがわかりました。

■市場価値型、絶対評価方式、部下の方向付けなどが有効

相対評価すれば、遂行回避目標志向の高い人は「悪い評価に対する恐れ→回避型行動」という悪循環に陥る。ではそもそも、社員が遂行回避目標志向に陥らないようにするには、どうすればいいのでしょう。

まず検討すべきは、評価制度です。評価制度は、市場価値で換算して決める「市場価値型*」と、社内における貢献度を報酬に反映させる「社内価値型*」の二つに分けられます。

＊市場価値型とは、報酬を決める際に、社外も含めた市場全体でその個人の役割やスキルにどれくらいの価値があるかを基準にして決定する方法。あくまで比較先が市場になるため、具体的な他者との比較はあまり行われない。一方、社内価値型とは、報酬を決める際に、社内での相対的な役割の大きさや、その会社独自のスキルの高さを元に決定する方法。社内価値型は比較対象が社内のため、他者と相対評価されやすい。

市場価値型にすれば熟達目標志向や遂行接近目標志向が高まり、社内価値型にすれば遂行接近目標志向や遂行回避目標志向が高まることが予想されます。市場価値型では市場においてより高い評価が得られることに意欲を持つ可能性が高く、社内価値型では社内の順位を高めることや落とさないことを気にするようになるからです。

そのため評価制度には、一部の評価項目に絶対評価方式を取り入れたり、減点評価を避けたりするのが有効でしょう（減点評価は失敗に対する恐怖心を高めることにつながり、結果的に遂行回避目標志向を高めます）。

高度成長期からバブル崩壊前後まで企業の評価制度としてよく使われていた職能資格制度は、年功序列型で運用される一方、社内競争を煽り過ぎず、熟達目標志向を高めていたと考えることもできます。それが、90年代以降、市場が伸び悩むなかで社内のポジションが足りなくなると、社内競争が激化して、相対評価が重視されるようになりました。その結果、「少しでも失敗しないように」と遂行回避目標志向が高まったのかもしれません。こうしたことが、日本企業の停滞を長引かせる一因になっているのではないでしょうか（最近のスタートアップ企業があえて、昭和的な価値観を取り入れたり、給料に差を付けなかったりしているのも、熟達目標志向を高めようとしているのかもしれません）。

また、「特定の目標志向性は比較的容易に高められる」という知見は、職場にも応用できます。たとえば、部下に対して先ほどの実験におけるCグループのような言葉をかける上司はいないでしょうか。「この仕事ができなかったら、マズイよ」「ダメだったら言うね」などと伝えると、部下の遂行回避目標志向が高まり、助けを求めなくなります。

同様に、営業マン全員の営業成績を貼り出している組織をいまだに見かけますが、貼り出すなら上位者だけにすべきです。下位を晒してしまうと、「そこに載らないためには」という気持ちが芽生え、遂行回避目標志向が高まります。

このように、社員に対するメッセージの伝え方は重要です。伝え方によって、社員の持つ目標志向性が変わってくるからです。特に、将来、会社のかじ取りを担う人材に対してかける言葉には十分気を付けましょう。

【バイアス㉒】

評価は極力、社内でオープンにするべきだ

【外発的動機付けと内発的動機付け】

内発的動機付けとは、たとえば内面に沸き起こった興味・関心や意欲に動機付けられることであり、それ自体が楽しいから行うといった動機を指す。一方、外発的動機付けとは、懲罰や強制、評価、報酬などの外部要因によって動機付けられることであり、周囲からの評価（報酬もしくは罰）のために行うといった動機を指す。

■評価によって社内に過度な競争を促すと、どうなるのか

社内で評価をオープンすることの是非について企業から相談を受けます。社員から評価に不信感を持たれるくらいなら、「評価をすべてオープンにしてはどうか」というのです。

数は少ないものの、実際に全社員の評価と給与を公開している一般企業もあります。たとえば、職位と給与が完全に連動しており、職位ごとの給与も明示されているため、公開された職位テーブルから誰がいくらもらっているのか、社員に一目瞭然な場合です。

ただ多くの企業では、人事評価面談の場で上司が本人の個別評価を伝えることはあっても、「あなたの評価はB。同僚のYさんはAでした」というように、他人の評価は開示していない。これは、

社員同士の嫉妬が生じ、職場環境の悪化を招く恐れる上、評価の理由を合理的に説明できないと考えるためです。開示しないからこそ、安心して部下を評価できる上司も少なくないのではないでしょうか。

一方、米国では、社員に対して比較的オープンに評価を伝えます。一定期間ごとの評価をフィードバックし、基準に達していない人には改善を求める。基準に満たない状況が長く続けば、クビになる。この緊張感が社員のパフォーマンスを引き出すという考え方です。

なかには、評価が下から5％の層に入った社員のクビを切るといった会社さえあります。「下から5％のクビを切っていけば、組織全体の能力が上がるはず」という発想です。

このやり方は、戦いのルールが決まっている間には合理性があるかもしれません。ただ長期で見ると、業績を落としかねない。良い例がビル・ゲイツ引退後、スティーブ・バルマー時代のマイクロソフトです。この時期、マイクロソフトは、部署間の競争意識が高まり、外部に目が向かなかったことが一因となり、検索エンジン、スマートフォン、クラウドコンピューティングなど、新たなイノベーションの登場にキャッチアップできず、長く業績が低迷しました（マイクロソフトが復活するのは、CEOがサティア・ナデラに変わった後です）。

このように、評価によって社内に過度な競争を促すことは、会社の停滞につながる可能性もあるのです。

■評価をオープンにすれば、遂行目標志向が高まる可能性がある

評価をオープンにすることの是非を、達成目標理論に基づいて考えてみましょう。

全員の評価をオープンにするという施策自体は新鮮に聞こえますし、公平で開かれた組織である印象も与えます。ただ、導入にはリスクが伴うことは覚悟するべきです。

それは、評価をオープンにすれば、社員の遂行目標志向が高まる可能性があるからです。すべての社員が互いの評価を確認でき、そのことが自分よりも高評価の人を目指すことにつながれば、遂行接近目標志向が高まります。ただ、他者より低い評価を受け取りたくないといった遂行回避目標志向が高まる可能性もあるのです。

過度な競争意識は、イノベーションも阻害します。イノベーションの種を生み出すには内発的動機付けが求められますが、遂行目標志向は内発的動機付けに対してマイナスの影響を与えるからです。またイノベーションで必要となる、これまでと異なる軸の発想は当初、社内で評価されない可能性が高い。評価にばかり気を取られていると、新しい発想やイノベーションが生まれにくくなるのです。

近年、企業では成果主義の傾向が強まっています。このような状態で評価がオープンになると、社員の意識は、他者との競争や比較に向きやすい。その結果、会社が遂行目標志向の高い人ばかりになってしまい、停滞を生みかねません。

■評価制度は、社員が気付かないくらいがちょうどいい

ベンチャー企業では創業直後の2～3年、全員が評価されることなく働いていることも珍しくありません。これは、最初に集まった人材が「スタートアップ企業で働きたい」「面白い企業で働きたい」と思って入社していたからでしょう。興味に基づいて働く、熟達目標志向の高い人が多いのかもしれません。

そうした企業も成長していくと、相対評価をベースとした評価制度を導入します。相対評価されると、段々と周囲からの評価を気にするようになり、社内に遂行目標志向の高い人が増えていく。すると、競争することや比較されることが嫌な人、熟達目標志向の高い人などは「昔の自由な雰囲気が良かった」と辞めてしまいます。

辞めるのはエース級の人材であることも少なくなく、ベンチャー企業にとっては大きな痛手です。こうした事態を避けるには、どうすればいいのでしょう。

一番簡単なのは、評価制度の導入を止めることです。あるＩＴ系の企業では、給与もプロジェクト単位のコミットに応じて機械的に支給して、評価もない。社員はほぼ全員がプログラマで、プログラマを書くこと、難しい技術的課題を解決することに喜びを覚えるタイプ。入社時点で、そうした人材を選んでいるため、評価に興味がありません。熟達目標志向の高い人材にとって、気が合う仲間は同じく熟達目標志向の高い人。類は友を呼ぶ環境が実現されています。

どうしても評価制度を導入する必要があれば、なるべくシンプルな制度にしましょう。ベンチャー企業の経営者や人事担当者から、ときどき「こういう評価制度を導入しようと思っているので、意

見を聞かせてください」と相談を受けます。制度案を見ると、非常に緻密な評価制度になっている。こうした相談をしてくる人は大企業出身者で、自身が緻密な評価制度に慣れているからです。

しかし、ベンチャーでそこまで緻密に評価する必要があるでしょうか。大枠だけ決めておいて、あとはその場で判断すればいい。明文化された緻密な制度は運用が大変なだけでなく、経営方針を必要に応じて柔軟に変更するベンチャーにはそぐわないのです。

社員にインタビューすると、「評価があいまいで不満だ」という意見も出てくるでしょう。「うちには評価制度がない」とやり玉にあげられることもあるかもしれません。だからと言って緻密な制度を作れば、こうした不満が収まるかといえば、そんなことは決してない。

緻密な制度とは、説明責任を果たすだけで、社員をモチベートするわけではありません。評価制度は、社員が気付かないくらいがちょうどいいのです。

【バイアス㉓】 多面評価による評価結果は、信頼できる

【多面評価】

多面評価とは、上司や部下、そして同僚といった立場や関係性の異なる複数の評価者が対象者を評価する方法。「360度評価」とも呼ばれる。対象者の能力、性格、成果を多角的に把握できるとされ、人材育成への活用や評価の公平性・客観性の確保を目的に導入する企業が増えている。

■多面評価は、上司評価よりも信頼できるのか

上司や部下、そして同僚といった立場や関係性の異なる評価者が多角的に対象者を評価する「多面評価＝360度評価」。この古くからある多面評価を、近年、導入する企業が増えているようです。典型的な導入目的は、技術者出身でないマネージャーがエンジニアを評価したり、プレイングマネージャーによる評価を補足したりすることです。技術知識をあまり持たないマネージャーは、エンジニアの能力を正確に把握できない。また最近増えているプレイングマネージャーのなかには日頃部下と一緒に仕事をしない人もいて、彼らは部下の評価に必要な情報を持っていません。特にＩＴ企業の場合、部下が客先に常駐しているため、ふだんの状況がまったく見えないこともある

でしょう。こうした課題を解決する上で、同僚や部下の評価を利用しているのです。

多面評価を導入する企業は、目標管理制度（ＭＢＯ）や成果主義的な評価制度だけでは、「成果がある程度運に左右される」「目標の難易度が揃っていない」ことが気になっていたのかもしれません。多面評価で「顧客を取り巻く環境の変化について理解しているか」「担当部門の将来像について自分なりの意見があるか」「周囲を巻き込んでプロジェクトを進められるか」といった定性的な仕事の能力や姿勢を評価しようと考えたのでしょう。

ただ、多面評価の結果をダイレクトに報酬に結び付けている企業は稀です。通常は人材育成の目的に使われることが多い。上司評価よりも信頼できそうな多面評価をなぜ、評価報酬制度の一環として利用しないのでしょうか。

■多面評価による評価結果の妥当性は必ずしも高くない

多面評価は日本でも60年代から研究されていて、米国では90年代初頭時点ですでに約３００種類の評価ツール＊が提供されているなど、長い間研究されてきた領域です。

＊評価を科学的な手法で行うためのツールのこと。日本では、リクルートや日本能率協会などが評価ツールを提供しており、有名な商品に「プロファイラー」「リーダーシップサーベイ」「プロファイラー」「スキル・スコープ」などがある。

多面評価の研究によれば、たしかに「短期間に複数回測定したときに同様の結果が得られるか＝

安定性」「項目間に関連が認められるか＝一貫性」の両面では一定の信頼性が認められます。ただし、「何を評価するか＝評価領域」にかかわらず、評価の高い人はすべての面で良く評価され、評価の低い人はすべての面で悪く評価される傾向があります（この現象は、米国でも日本でも一貫して確かめられています）。

つまり、多面評価による評価結果の妥当性は（上司評価同様に）必ずしも高くなく、「評価者がその評価対象者に良い印象を持っているか／すごいと思っているか」をざっくりと評価している程度の水準です。でなければ、一人の評価対象者がすべての面で良い、悪いという評価はあり得ないからです（見方を変えれば、どの人の評判が高いかを見極める上で多面評価は機能するかもしれません）。

一方で、研究では多面評価の「育成上の効果」が検証されています。多面評価の結果を本人にフィードバックすると、一定の行動改善が見られる。評価の精度は必ずしも高くないが、評価結果をフィードバックすることには意味があるのです。

一般に評価の有用性は、信頼性と妥当性を測る「測定論的なアプローチ」と、効果を測る「活用論的なアプローチ」から判断されます。多面評価は測定論的には精度に問題があるが、活用論的には役に立つツールなのです。だからこそ、ある特徴が全体の印象に影響する「ハロー効果*」が認められるにもかかわらず、人気があるのでしょう。

＊ある対象を評価するときに、目立ちやすい特徴に引きずられて他の特徴についての評価が歪められる現象のこと。例えば、外見的な魅力が高いだけで、信頼できると感じてしまうなど。コロンビア大学のエドワード・ソーンダイクによって提唱された。

■多面評価は給与を決められるほど、評価の精度が高くない

多面評価は給料を決められるほど、精度の高い評価ではありません。また多面評価の結果で報酬が決まるのであれば、社内で談合的な動きが発生する可能性もあるでしょう。たとえば、「あなたを高く評価するから、あなたも私を高く評価してくれ」と示し合わせるのです。「仕事をきちんとやっているのに、そう見えない人」「周りを気にせず、正論を言う人」も評価されにくい。多面評価の結果だけを重視すると、この評価制度に適さない貴重な戦力を失いかねません。

ただし、最近、この多面評価を部分的に報酬に結び付ける日本企業が現れています。たとえば、インターネット広告を手がけるセプテーニでは、「行動規範に沿った行動を取れているか」という観点から多面評価を実施しており、多面評価の結果は賞与に反映されます。

セプテーニでは、多面評価の結果を「上司だけではない周囲の評価＝評判」と呼び、「評判を評価する」という方針の下、目標管理による評価が7割、行動評価が3割の割合で賞与に結び付けているのです。多面評価はあくまでも行動を評価するものであり、パフォーマンスを評価するわけではありません。しかし、評判自体を評価するのであることを最初から周知徹底しているのであれば、問題ないでしょう。

このように多面評価は、行動規範に沿った行動を取っているかを判断する上でもある程度有効です。多面評価には、基本的に評価者の行動レベルについて聞く項目が多いからです。さらに、「どのような人の評判がいいか」もわかる。実務的には、部下から評判の良いマネージャーを把握することにも一定の価値があるでしょう。

多面評価には、実施にはかなり手間がかかるため、コストパフォーマンスに見合うのかという意見も一部にはあります。実務的には、「評価対象者のパフォーマンスが上がったか」だけでなく、「どの程度上がったか」も重要だからです。また、あまり互いの関係性が良くないチームに導入すると、疑心暗鬼を生みかねない。潜在化していた問題が顕在化しかねません。取扱いに十分な注意が必要なツールであることは間違いないでしょう。

【バイアス㉔】 多面評価には、行動やパフォーマンスの改善効果はない

【過大評価と過小評価】
過大評価とは、自己評価を実際以上に高く見積もること。過小評価とは、自分を実際以上に低く評価すること。一般に人は、過大評価傾向が高いとされる。

■多面評価はマネージャー層のパフォーマンス向上につながるのか

現状、多面評価を導入している企業の多くは、人材育成の目的で使っています。特に多いのが、課長職など、現場マネージャー層の育成です。現場マネージャーは、部下からも上司からも評価を受けやすい。また、一般社員と比較すると現場マネージャーのパフォーマンスは業績に対するインパクトが大きい。そのため、多面評価の結果を、行動改善やスキル開発に使っているのです。

多面評価をマネージャー向けのリーダーシップ開発研修のツールとして使う企業もあります。マネージャー研修に先立って多面評価を受けてもらい、研修当日の冒頭に自己評価と他者評価をフィードバックする。その上で、自己評価より他者評価が低い領域について、その理由とギャップを埋めるための行動を考える。「あなたはこう思われています。だからここを改善したほうがいい」というフィードバックに基づいて、マネージャーが今後の改善目標を立てるのです。

ただ、このようなアプローチがどのような場合でもマネージャー層のパフォーマンス向上につながるかについては、検討の余地があります。多面評価を導入すれば、マネージャーは周りの目を過度に気にするようになり、周りから評価されるために行動するリスクがあるからです。

多面評価を機能させるには、どのような点に注意する必要があるのでしょう。

■多面評価がネガティブな内容でも、人は前向きに捉える

元々、多面評価は、企業において人事評価が抱える「きちんと評価できない」という課題を解決するために考案されました。そのため、学術界では多面評価の評価としての精度を検討する研究が多い一方で、多面評価による人材育成上の効果を明らかにする研究は、それほど多くありません。

数少ない研究によれば、上司評価よりも多面評価のほうが人は評価結果を受け止めやすくなります。上司評価のみ、上司評価と部下評価の両方、部下評価のみを提示したときを比較すると、部下評価を含むフィードバックは、被評価者に好意的に受けとめられる。上司評価のみの評価を、好意的には受けとめる人は少ないが、部下評価を含む多面評価はネガティブな評点が付いても、人は前向きに捉えるのです。

また多面評価は、結果を受け取った後に長期的な改善効果が認められることも検証されています。たとえば多面評価後に実施した調査によれば、半年後でも評価結果を肯定的に捉えている人が多い。多面評価を受けた管理職を2年後に調査すると、マネジメントスキルが向上していたという研究もあります。多面評価は、マネジャーの心に一時的に響くだけではなく、行動やパフォーマンスにも

影響を及ぼすのです。

ただし、多面評価を実施すれば、無条件でこうした成果が得られるわけではありません。効果を上げるには、まず「評価を解釈する機会」が必要になります。多面評価の結果に対して、「なぜこのような評価が出たのか」「その結果をどのように受け止め、どのように改善すればいいのか」を考える機会を設けなくてはならない。これがないと、評価結果を十分に受け止められず、行動変容につながらないからです。

多くの研究が指摘するのは、多面評価を通じて自己認識を改めること、是正することの重要性です。自らを正しく認識できれば、能力開発を適切に行えるようになるだけでなく、他者からも評価される。実際、同僚や顧客の評価と自己評価が一致している人、つまり他者評価との乖離が少ない人は、昇進する可能性が高いようです。

■総じて、行動の改善など、育成効果は認められる

多面評価を実施すると、評価対象者は、自己評価と他者評価のズレを理解して、自己評価を修正します。それにより、行動が改善され、成果が上がるようになるのです。

ただ、どのような人にも多面評価による改善効果が認められるわけではありません。人によって改善効果は変わります。では、多面評価は、どのような人に有効で、どのような人に有効ではないのでしょう。

まず、周囲の評価より自身の評価が高い過大評価タイプ。彼らは、評価がフィードバックされる

と自らの行動を改善しなければならないと感じ、実際に改善するため、パフォーマンスが向上しやすい。対して、自己評価が周囲評価より低い過小評価タイプは、評価がフィードバックされると「思ったより高く評価されている」と安心してしまい、行動改善にはつながりにくい傾向があります。「総じて、人は自身を過大評価する」ことを考慮すれば、多面評価は多くの人に効果があると言えそうです。

ただ、繰り返しになりますが、多面評価の妥当性は疑わしい。

そのため多面評価の実施にあたっては、「目的は育成であること」を強調しましょう。つまり、自分が成長するための手段として多面評価を位置付ける。このように方向付けることで、社員の育成にとって有効な手段となるのです。

【バイアス㉕】 多面評価は、強いショックを与えるほど良い

【自己評価と他者評価】

自己評価とは自分で自分の状態や水準などを検討すること、他者評価とは自分以外の他者が自分の状態や水準などを検討することを指す。自己評価は他者評価とあまり乖離しない状態が望ましい。ただし、自己評価が高く他者評価が低いことをフィードバックされると、成長につながる可能性が高い。

■多面評価は、メンタルヘルスを損なう可能性があるのか

一定期間、グループ内で互いにありのままの自分を出すことで、自他の感情を理解し、状況に適合した行動がとれるようにするプログラム「ST（センシティビティ・トレーニング）*」。この手法を使った研修の実態を明らかにした『心をあやつる男たち』（文藝春秋）という書籍をご存知でしょうか。この本のなかには、研修を受けたことで、抑うつ状態になったり、ひどいときには2階の窓から飛び降りたりした人たちが登場します。

＊STとは、人が自らの先入観をより強く認識し、自己及び他者に対してより理解のある人間になること、人間関係への洞察力を深めることを目指す訓練。感受性訓練とも呼ばれる。組織開発の技法として管理職研修、

人材開発などに活用されてきた。日本では1960年代から70年代にかけて企業向けの社員教育として流行した。

このSTで実施されている研修内容は、自己評価と他者評価の差異を指摘するなど、多面評価の手法と似ています。そのことを踏まえると、多面評価を実施すれば、人によってはメンタルヘルスを損なう可能性があるかもしれません。

こうした可能性を考慮してか、多面評価を導入している企業の多くは評価者の選定を工夫しています。主に、次の二つのやり方が採られています。一つは「指名制」。これは、「評価対象者が自分を評価する人を指名できるようにする」方法です。ただし、「上司には変更する権利がある」という条件を付けている場合がほとんどです。もう一つが「所属部署に関係なく、自分が評価できると思える人の点数を付ける」方法。つまり「挙手制」です。これは、様々な部署のスタッフと一緒に仕事する業態で導入されています。こうした会社では、必ずしも同じ部署の人が評価対象者の仕事ぶりを把握しているとは限らないためです。

多面評価は、「評価されたくない（耳に痛いことを言われたくない）」「面倒くさい」「評価する自信がない」などと、現場の社員に好まれない制度です。ある会社では多面評価の導入がほぼ決まっていたにもかかわらず、人事部が現場の管理職に打診したところで猛反発を受け、導入が見送られました。

多面評価を導入している企業のほとんどは、経営者や人事部がなかば強引に導入しています。こうした導入の進め方はある程度仕方のない側面があるとはいえ、社員の納得感を得ないまま導入すると、評価を受ける社員のストレスが高まる可能性はあるでしょう。

■自己評価と他者評価のずれを是正する効果がある

多面評価を実施すると社員にストレス負荷がかかることは、研究で検証されています。多面評価において自己評価よりも悪い他者評価を受けた人は、「詮索*」「防衛*」「態度硬化*」といった行動を取りやすい。人によっては、「抑うつ感*」も高まります。

*詮索とは自分に対して悪い評価をつけたのは誰か、それはなぜかなどを細かく調べようとすること。防衛とは自分が受けた評価について、認めず頑なに否定すること。態度硬化とは自分の態度や意見を押し通すために強固な態度になること。そして抑うつ感とは、気分が落ち込んで活動を嫌っている状態であり、そのために思考、行動、感情、幸福感に影響が出ている状況のこと。

多面評価は、ある意味、リスクの高いツールと言えます。ただ一方で、行動の改善につながる。なぜでしょうか。

まず、自己評価と他者評価の間には基本的にずれが発生することがわかっています。しかも、自己評価は他者評価よりも正確性に欠けます。実際、自己評価と上司評価の相関、同僚評価と上司評価の相関を比べた調査によれば、同僚と上司の評価は(自己評価よりも)相関しています。

他者評価と比較して自己評価が高くなるのか、あるいは低くなるのかについても検証されています。研究によれば、多くの場合、自己評価のほうが高くなる。特にずれが大きいのは、外向性や統率性などの特性を持つ、強気な性格の人です。

自己評価・同僚評価・上司評価を比較すると、自己評価は一番高く、次に高いのが同僚評価。そして一番低いのが上司評価です。この結果を見ると、評価対象者が上司評価に不満を持つのも当たり前かもしれません。

また、自己評価のほうが他者評価より高い過大評価傾向にある人は、キャリアが停滞する可能性が高いことも明らかになっています（要は、出世が止まるのです）。たとえば、ひとりのプレイヤーとして自信満々だった人が、リーダーとなってチームを率いるようになると思うように結果を出せなくなる。これは、自己評価と他者評価が食い違っていると、周囲の期待をうまく汲み取れず、部下に対して余計なことをしてしまうようになるからかもしれません。

こうした人がリーダーとして結果を出すには、自己評価と他者評価のずれを是正する必要がある。そこで、自己評価が過大であることを突きつける多面評価が大きな役割を果たしているのです。

■適度なショックによって、行動変容につなげる

リクルートで実施していた多面評価「ＲＯＤ」もまた、自己評価が課題であることを突きつける研修でした（在籍当時、ＲＯＤのフィードバック研修に参加した社員が泣き出した、という話をたびたび聞きました）。多面評価をフィードバックすれば、参加者にショックやストレスが生じるのは間違いないでしょう。

そのため筆者は、人事部の一員として、研修を実施するにあたって様々な配慮をしていました。たとえば、他者評価のコメントは研修当日に渡していました。数日前に渡して、コメント内容を読み込み、自分で改善点を考えた上で、研修を実施したほうが効率はいいのですが、それだと、研修が実施されるまでの間、一人悶々とするからです。

多面評価のフィードバック研修が終わった後には、飲み会を入れました。研修で受けたストレスを発散させるためです。このプロセスなしでは、その日の夜、眠れない人が続出すると考えたのです。

ではなぜ、手厚いフォローをしてまで、精神的負荷の高い他者評価を突き付けるのか。それは、ショックを受けるからこそ、「自分の行動を改善しよう」という行動変容につながるからです。腑に落ちたり、心に刺さったりしないと、人は行動を変えません。効能の強い薬は劇薬なのです。

なお、フィードバックにあたっては、自己評価と他者評価のギャップが大きい箇所に注目しましょう。まずは、特定の行動や能力についてフィードバックすることで、全否定せずに適度なショックを与えるのです。

併せて、自己効力感を高めることも重要になります。つまり、短期的かつ具体的な行動改善を求め、その行動を自分が取れると思ってもらう。これにより、人の行動が変わるのです。

多面評価はある意味、強力な行動変容ツールです。だからこそ、これだけ使われている。ショックがあること自体も悪くない。ただ、心理的なダメージが大きいため、ショックのコントロールと丁寧なケアが必要なのです。

【バイアス㉖】フィードバックのやり方には、正解がない

【フィードバック】
組織マネジメントにおけるフォードバックとは、他者からの情報提供によって課題を認識させ、その課題を解決できるようにすることである。最もわかりやすい例は、上司から部下へ評価の結果を伝える行為だ。フィードバック面談では通常、フィードバックする側とされる側の信頼関係、受け手の特性、伝え方や伝えるタイミングなどが重要になる。また、性格や能力ではなく、行動に対してフィードバックすると、改善につながりやすい。

■なぜ、企業はフィードバックのやり方をきちんと教えないのか

現在、ほとんどの日本企業では、評価制度の一環として、上司が部下に対して何かしらのフィードバックを実施しています。にもかかわらず、管理職に対して、フィードバックのやり方をきちんと教えている企業はあまり見受けられません。

本来、会社の風土、フィードバックする側とされる側の信頼関係、受け手の特性、伝え方や伝えるタイミングなどに応じた、適切なフィードバックのやり方があるはずです。そして間違ったやり方でフィードバックすれば、逆効果になる恐れさえある。

フィードバックの主な目的は、評価対象者の成長です。では、どのようにフィードバックすれば、評価対象者の成長につながるのでしょうか。

たとえば、典型的な良いとされるフィードバックに、〝アイ（I）メッセージ〟があります。これは、「あなたがきちんと報連相してくれれば、私(アイ)が安心します」と、「わたし」を主語にしてメッセージを伝えるやり方です。

「あなた(ユー)は、きちんと報連相しなくてはなりません」と「あなた」を主語にする〝ユー（You）メッセージ〟は、受け手側が強要されたように感じるため、モチベーション低下を招く可能性がある。一方、アイメッセージは「報連相を実施するか否か」の選択権が評価対象者に残されているため、フィードバックされた側が責められているように感じません。上から目線を和らげるために、アイメッセージを使うのです。

とにかく褒める点を探してフィードバックする人もいます。背景にあるのは、「褒めて伸ばす」ことへの信仰です。褒められることでモチベーションが上がり、社員が成長する。またポジティブフィードバック＊はネガティブフィードバック＊と比べて、評価者自身の心理的ストレスも小さい。こうした事情もあるのでしょう。

＊ポジティブフィードバックとは、評価者から被評価者の言動に対して肯定的な指摘を行うこと。一方、ネガティブフィードバックとは、評価者から被評価者の言動に対して否定的な指摘を行うこと。「あなたの○○な行動に問題がある」「期待以下のパフォーマンスだった」など、被評価者にとって聞きたくない内容であることが多い。

このように、部下へのフィードバックにあたり、肯定的な内容と優しい表現を選ぶ上司は少なくない。パワハラと取られることも怖いのでしょう。しかしこうしたアプローチで、本当に人が成長するのでしょうか。

■人は、他人の問題行動については性格や能力に原因があると考える

フィードバックとは「他者からの情報の提供によって課題を認識し、その解決に向けて自らを統制できるようになること」です。ここで重要なのは、「他者からの情報の提供→課題の認識→その解決に向けて自らを統制」というプロセス。フィードバックを受けた人には、他者のアドバイスから自らの足りないところを理解して、改善行動を取ることが求められるのです。

しかし現実には、すべてのフィードバックがこうした効果を生んでいるとは言えません。フィードバックに関する多くの研究を分析した論文によれば、フィードバックの結果、全体の3割以上のケースではむしろパフォーマンスが下がっています。フィードバックは「良薬にもなるが、毒薬にもなる」のです。

良薬にする上で重要になるのが「どのようにフィードバックするか」です。フィードバックのやり方についても、参考になる学術研究があります。単に「あなたはダメ」「あなたは評判が悪い」ではなく、「この行動に問題がある」と行動に対して具体的にフィードバックすると、改善につながりやすいことがわかっています（これは、多面評価などでよく使われている方法です）。

ただし、難しいのはフィードバックしようとすると、多くの人が「観察者バイアス」に陥ること

です。観察者バイアスとは、他人の問題行動については性格や能力に原因があると考え、自らの問題行動については状況や出来事に原因があると考える傾向です。つまり人はフィードバックする際、「その人の性格や能力に問題があると指摘しがち」なのです。

人事担当者は特に注意が必要かもしれません。人事担当者にはマインドセット好きの人が多いからです。しかし、ことフィードバックの場面では、相手の内面の否定は改善行動につながりません。また「正確に情報を伝える」「客観的な情報を伝える」ことも、フィードバックの効果を高めます。これについては、実験も行われています。実験では、ある課題を解いている最中に、被験者に対して2種類のフィードバックを実施しました。一方のフィードバックは「素晴らしい、このまま続けて下さい」、もう一方は「いくつできていますよ。平均はいくつ」というもの。すると、後者のフィードバックのほうが内発的動機付けを高めたのです。

褒めること自体が悪いわけではありません。問題は、何が素晴らしいかがよくわからないフィードバックをすることです。「いくつできたのですね、素晴らしい。ちなみに平均はいくつです」のように具体的に褒めれば、モチベーションも上がるでしょう。

コーチングプログラムの受講者を対象とした研究では、フィードバックで褒めるべき対象についても調査されています。そのプログラムでは自分で成長目標を設定している。すると、その成長目標と異なるスキルを褒めてもモチベーションはあまり上がらないが、成長目標に掲げたスキルを褒めるとモチベーションが向上する。つまり、フィードバックの受け手が重要であると認識している情報が刺さるのです。

さらに、密接なコミュニケーションが評価の納得感を高めるという研究結果もあります。「これだけ見てくれて、きちんとフィードバックしてくれているのだから、この人の評価は正しいのだろう」と驚きもなく評価を受け入れられるのです。

■事実に基づき、行動ベースで、近い関係の人がフィードバックする

学術研究の結果からわかるのは、事実に基づき、行動ベースで、しかも評価対象者の興味が高いトピックについて、関係の近い人がフィードバックしないと効果が上がらないということです。

これは、おそらく多くの人がうすうす気付いていたのではないでしょうか。たとえば筆者自身、新しく管理職に昇進した人によく「メンバーの閻魔帳を付けたほうがいい」と言っていました。閻魔帳には、「このメンバーは何月何日、このような場面で、このようなことをやった」といった事実を行動ベースでメモし、評価面談などで、このメモに基づいてフィードバックするのです。

「この間、こういう行動を取っていたけど」とフィードバックした評価面談の場で、「いつのことを言っています」と返されて、「いつかは忘れたけど……」と言えば、フィードバックがまったく刺さりません。エビデンスに基づいて評価を伝える必要があるのです。

実務的には頻繁にフィードバックして、評価を部下に予期させることも重要です。ハロルド・ジェニーン*が「マネージャーはノーサプライズでなければいけない」と言っているように、米国企業においても、半期終了時にいきなり「お前はクビ」と言って部下をビックリさせるのはNGです。基準に達していない部下に対しては、問題点を細かくフィードバックして、行動変容を促さなくて

はならない。その上で、行動が改まらず、成果も出ないのであれば、最後の手段として退職を促すというのが米国企業における適切な解雇プロセスです（退職を促す際、部下も薄々気付いているようにするのです）。

＊ハロルド・ジェニーンは米国の実業家で、元ＩＴＴの社長兼最高経営責任者。１９５９年にＩＴＴの社長に就任すると〝14年半連続増益〟という米国企業史上空前の記録を打ち立てる。17年間の在任中には積極的に企業の買収・合併を行い、世界80ヶ国に３５０社に及ぶコングロマリットをつくり上げた。有名な著書に「プロフェッショナルマネジャー」がある。

フィードバックするタイミングも重要です。最も望ましいのは、問題点が顕在化したタイミングでフィードバックすること。時間が空くと、フィードバックの効果が薄れてしまうからです。「１ｏｎ１＊」や「リアルタイムフィードバック＊」に注目が集まっている背景には、こうした事情もあるのでしょう。半年に１回ではなく、週１回ミーティングすれば、問題があったときにも迅速にフィードバックできる。その上で、半年に１回の評価面談でこれまでの経緯を指摘しながら、「だから評価はこうなるよ」を伝えれば、ある程度予期していた評価を対象者も受け入れるでしょう。

＊１ｏｎ１とは、上司部下が１対１で月に１回〜週に１回といった定期的なペースで行う面談のこと。部下の目標管理や業務進捗管理だけでなく、仕事を通じて得た体験や課題、悩みを上司に共有し、上司がフィードバックすることで部下の成長を促すことが目的。また、リアルタイムフィードバックとは、その名の通り「リアルタイム」のごとく短いスパンで行われる評価とフィードバックのこと。これまでのような半期に１度、年に１度ではなく、その都度フィードバックを行うことで、人事評価の納得度を高めるなどの狙いがある。

「関心があること」をフィードバックすることも重要です。たとえば、コミュニケーション能力に関心を持っている部下には、コミュニケーションが足りていない点をフィードバックする。その上で、具体的にどのような行動に落とすべきかを考えてもらう。その際、できればすぐに実行できることを考えさせたほうがいいでしょう。関心領域と重なるフィードバックは、部下も受け止めやすく、改善行動につながります。

ただ難しいのは、部下自身は関心を持っていないが、仕事としては重要な領域についてのフィードバックです。部下は、関心がないので改善に向けて努力しにくい。当然、課題も解決できない。フィードバックしても「僕、これができなくてもいいです」と内心思って聞き流す。成長したいという欲求を持っていないのです（これは別段、珍しい状況ではありません）。

では、こうした領域についても「なるほど、改善したい」と思ってもらうにはどうすればいいのでしょう。

時間をかけて改善してほしい領域を相手が重視するように仕向けましょう。ただし、単に「この領域は面白いよ」と言っても、おそらく関心を持ってくれません。重要なのは、相手の「モチベーションリソース」を理解して、モチベーションと改善してほしい領域とを結び付けるように働きかけることです。

モチベーションリソースは、「他人に迷惑をかけるから」「仲間に貢献したいから」「これができれば､面白いことができるから」「中長期的なキャリアを築きたいから」など､人によって様々です。関係性によっては、「期待されているから」がモチベーションリソースになることもあるでしょう。

モチベーションリソースと結び付けて改善してほしい領域を意味付けする。これにより、改善が必要な領域の重要度が高まるのです。

このように、フィードバックでは、フィードバックする前のプロセスが重要になります。まずは成長意欲を高め、成長目標を立て、関心領域を把握した上で、具体的にフィードバックしなくてはならない。特に、ネガティブフィードバックする場合には、評価対象者がダメ出しする領域の重要性をあらかじめ認識していなければなりません。

「人間は主観的な現実*を生きている」ことは、行動科学における重要な視点の一つです。主観的な現実がその人の行動に影響を与えます。相手にとっての重要性を考えずに、指摘したい・改善してほしいポイントをフィードバックしても、相手には刺さらないのです。

*主観的な現実とは、その人にとっての心理的、体験的な現実のこと。心理的現実、または心的現実とも呼ばれる。認知心理学では、個人の中に認知のフィルターが存在すると仮定されており、これはスキーマ（認知的枠組み）と呼ばれる。人はスキーマを通して世界を見ているため、各々が心理的現実を持っている。

【バイアス㉗】ネガティブフィードバックには、あまり効果がない

【ポライトネス理論】

ポライトネス理論とは、会話の参加者が互いのフェイスを脅かさないように行う配慮を定式化した理論。ポライトネス理論によれば、人は「①親しくない人から言われる場合」「②下の立場の人から言われる場合」「③自分の行動を大きく変えなければならない場合」にフェイスを脅かされる。ブラウンとレビンソンによって提唱された。

■ネガティブフィードバックはどうすれば効果的に働くか

『異文化理解力』（エリン・メイヤー著、英治出版）によれば、日本人は世界の中でもネガティブフィードバックを嫌う民族です。実際、評価面談などで、部下に対してネガティブフィードバックを行うことにストレスを感じている日本の管理職は少なくないでしょう。

ただ評価面談では、ネガティブフィードバックをしないわけにはいきません。報酬と連動した評価を伝えるときに、その理由を告げる必要があるからです。

ネガティブフィードバックする上で憂鬱なのは、聞き入れてくれないことが予想されるときです。ネガティブな内容を極力相手が傷つかないように、しかし行動の改善につながるように告げる。に

もかかわらず、相手にはまったく刺さらない。筆者自身、こうした面談の前にはいつも憂鬱になります。

ただ、ネガティブフィードバックが効果的に働くケースもあります。たとえば、採用の場面においてある種の新卒学生に対して適切なネガティブフィードバックをすると、本人の成長につながるだけでなく、自社への入社意向度が高まることもあるのです。

ただし、ネガティブフィードバックで改善効果を生み出すには、いくつかの条件が必要となります。まず、フィードバックする人には技能が求められる。ネガティブな言葉を伝えるときには、丁寧な表現を使いながらも、ダメな点をわかりやすく指摘する必要があるのです。

どのような人がフィードバックするのかも重要でしょう。たとえばインターンシップでフィードバックする場合、ただ観察していただけの人が、最後にいきなりボソッとネガティブフィードバックしてもダメ。きちんと自己開示して、関係性を構築した上でネガティブフィードバックしてはじめて適切に機能します。

たとえ良いアドバイスであっても、ネガティブフィードバックを受けた本人が「良いアドバイスを受けた」と感じなくては意味がないのです。

■ネガティブフィードバックによる改善効果は、動機に左右される

「ネガティブフィードバックとポジティブフィードバックのどちらがパフォーマンスを改善するか」については研究があります。その研究によれば、「ネガティブフィードバックが有効である」

という結果もあれば、「ポジティブフィードバックのほうが効く」とする結果もある。「両方とも有効である」という結果もあれば、「両方とも意味がない」とする結果もある。つまり、単なる比較ではあまり一貫した結果が出ていないのです。なぜでしょうか。

研究によれば、その原因はフィードバックを受けるモチベーションにある可能性が高いと思われます。フィードバックを受ける際のモチベーションは次の4種類です。

まず、「自己改善動機」を持つ人は「自分を成長させたい」状態でフィードバックを受ける。つまり自己改善動機は熟達目標志向に近い志向性であり、これが最も望ましい。

二つ目が「自己査定動機」で、これを持つ人は「自分を的確に評価したい」というモチベーションでフィードバックを受けます。三つ目が「自分のことを高く評価したい」という動機。この「自己高揚動機」は「遂行接近目標」に近い志向性です。

そして四つ目が、「自分が信じる自分の姿を確かめたい」という動機です。この「自己確証動機」を持つ人は、自分が求めるフィードバック以外は聞きたくありませんし、聞いてもスルーします。

ネガティブフィードバックが刺さりやすいのは、自己改善動機と自己査定動機を持つ人。自己高揚動機を持つ人には刺さりにくく、自己確証動機を持つ人には刺さらない。では、自己高揚動機や自己確証動機を持つ人が評価面談でネガティブフィードバックを受けるとどうなるのか。おそらく、パフォーマンスが変わらないか、低下するでしょう。こうした受け手の動機が、ネガティブフィードバックによる改善効果がバラつく原因と考えられます。

また、熟達目標志向の高い人はネガティブフィードバックを「成長につながることを言ってくれ

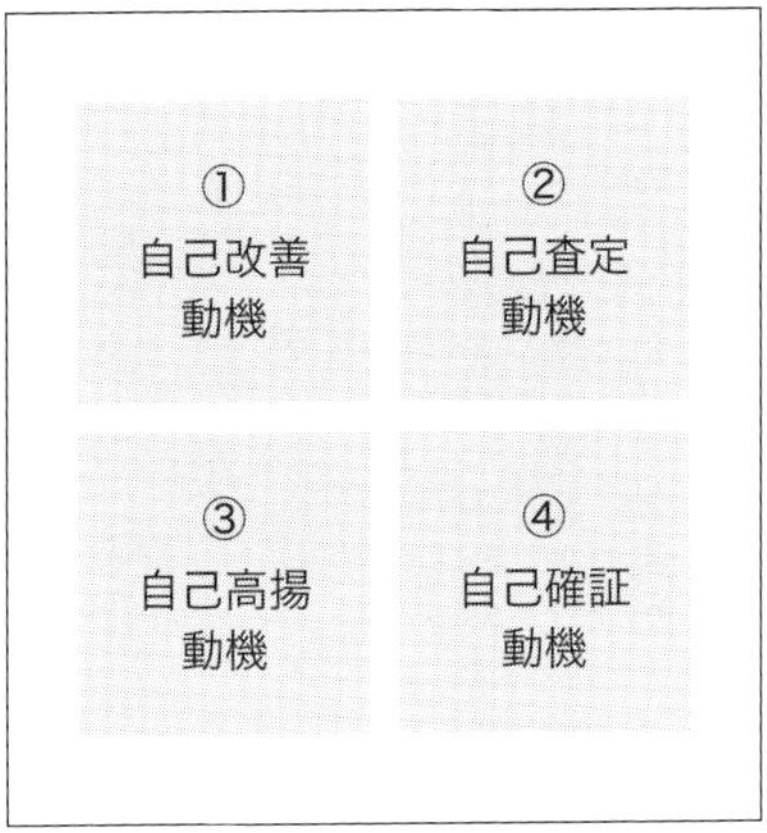

図｜フィードバックを受けるモチベーション

た」と受け止め、改善行動につなげます。そもそも、熟達目標志向が高い人は、成長するためにフィードバックを求める傾向が強い。たとえば、ある問題に回答する実験を行うと、遂行目標志向の高い人たちは「合っていたか、間違っていたか」を気にする。それに対して、熟達目標志向の高い人たちは「自分が間違った問題の正解は何か」を気にして、正解にたどりつくためのアドバイスを求めます。

なおフィードバックの効果には、文化の影響もあります。たとえば「集団主義文化＊な日本の場合、互いのメンツを気にするため、ネガティブフィードバックよりもポジティブフィードバックのほうが機能しやすい」ことが指摘されています。

＊個人よりも集団に価値を置く文化。対義語は個人主義文化。集団主義は、中国哲学・仏教・イスラム教・ヒンドゥー教の影響があるとされ、特に日本文化の心は集団主義であり、臨済宗・儒教・朱子学に由来するとされる。

■動機に応じて、ネガティブフィードバックを機能させる

研究からわかるのは、ネガティブフィードバックを有効に機能させるには、フィードバックを受ける動機に着目する必要があるということです。ネガティブフィードバックは、自己改善動機を持

つ人には積極的に活用し、自己査定動機を持つ人には注意深く活用しましょう。

またネガティブフィードバックにあたっては、「メンツ＝フェイス」を潰さないようにします。フェイスが脅かされると、フィードバックを受けた人が「良いアドバイスを受けた」と感じにくくなるからです。

会話の参加者が互いのフェイスを脅かさないように行う配慮を定式化した「ポライトネス理論」によれば、「①親しくない人から言われる」「②下の立場の人から言われる」「③自分の行動を大きく変えなければならない」場合、人はフェイスを脅かされます。

つまり、自分より若い知らない人から、いきなり「あなたの行動はダメだ。根本から変える必要がある」と言われたら、最もフェイスが傷つくわけです。その意味で、多面評価などは「フェイスを脅かす」可能性の高いフィードバックと言えるでしょう。

では、フェイスを脅かさないようにするにはどうすればいいのか。関係性の構築は必須として、それ以外にどのような手段があるかを考えましょう。

たとえば、年上の部下にネガティブフィードバックをする際には、部下よりも年上の上位管理職にも同席してもらうなどの対処が考えられます。実際の評価は自分がやっていても、フィードバックするのは年上の人にやってもらう。多面評価でも、数値化して、誰が何を行ったのかわからないようにして伝えています。多面評価でしばしば用いられる平均点方式は、実は評価を間接的に伝える手段でもあるのです。

また、フィードバックの前に、受け手の心理状態をいかに整えるかが重要になります。できれば自己改善動機、少なくとも自己査定動機を持たせるように働きかけなくてはならない。そのためには、評価面談の場だけではなく、日常的に動機付けする必要があるでしょう。小出しに伝えて評価を予期させつつ、改善に前向きになるように意識付けるのです。

さらに、大きな変革を促すときには、一足飛びの変化を求めるのではなく、課題をスモールステップに分解するといいでしょう。「まずはここから始めたらどうですか」と、行動変容を小さく分解するのです。

ただし、ビジネスの現場では、行動変容が求められる人はしばしばギリギリの状況に置かれていて、迅速な変化が求められることも多い。しかも、こうした人ほど、「ハイ」「ハイ」みたいな感じでフィードバックを聞き流し、実際には動かないのです。

人を変えるには並々ならぬ覚悟を持った介入が必要で、しかも時間もかかります。人にはこれまで生きてきた歴史があるからです。そのため実務的には、短期間に急激に個人を変えるのはある程度のところで諦めて、仕組みでカバーすることも考えざるを得ないかもしれません。

【バイアス㉘】ハイパフォーマーに、ネガティブフィードバックは必要ない

【ポジティブフィードバックとネガティブフィードバック】

「ポジティブフィードバック」とは望ましい行動や成長した部分などを認めて告げることで動機付けを図るフィードバック手法であり、「ネガティブフィードバック」とは改善点や不足点などを告知することで変容を促すフィードバック手法を指す。自身の成長を意識している人にはネガティブフィードバックが刺さりやすい一方、自身のメンツを気にする傾向が強い人にはポジティブフィードバックのほうが受け入れられやすい。

■ネガティブフィードバックでは、何を意識する必要があるのか

フィードバックは、人事評価において欠かせないプロセスです。対象者に評価をどのように伝えるかは、多くの管理職や人事担当者にとって悩みの種でしょう。特にネガティブフィードバックをどのように伝えればいいのかを悩む人は少なくありません。

ネガティブフィードバックをする際には、一般に「フェイス」を脅かさないことが重要になります。ここで言うフェイスとは、要するに「メンツ」です。多くの人は、自らのフェイスが脅かされると「良いアドバイスを受けた」と感じにくくなるのです。

フェイスを脅かさないようにネガティブフィードバックをする上でのポイントは、いくつかあります。たとえば「ポライトネス理論＊」に基づけば、「①親しくない人が伝える」「②下の立場の人が伝える」「③自分の行動を変えなければならない」場合において、人は「フェイスが脅かされた」と感じます。

＊1984年にペネロペ・ブラウン博士とスティーブン・レビンソン博士によって提唱された理論。ここでいうポライトネスとは一般的な「礼儀正しさ」という意味ではなく、自分の言動によって相手からの印象を適切かつ良好に保つための配慮を示す。この理論では、フェイスを鍵概念として扱っており、互いのフェイスを侵さない、コミュニケーション上の配慮の方法を示している。

①親しくない人が伝える場合

知らない人にダメ出しされるとメンツが潰れる

②下の立場の人が伝える場合

部下や年下の人からネガティブフィードバックを受けると、素直に受け入れられない

③自分の行動を変えなければならない場合

大きな変容を求められるとメンツが傷つく

図｜フェイスが脅かされる状況

①については、上司と部下との間で信頼関係を構築できていれば問題ありませんが、これは「言うは易く、行うは難し」です。信頼関係の構築には特効薬はありません。ふだんから密にコミュニケーションを取るほかないのです。「コミュニケーションによる信頼構築が先で、その後にフィードバックする」という順番が重要です。

②の状況、たとえば年上の部下に対してネガティ

ブフィードバックする場合、ある程度年齢やポストが上の人、たとえば執行役員や事業部長などに同席してもらうのも一つの手です。

なお、②の「下の立場の人から言われる場合」の対策として、フェイスを脅かさないよう間接的に実施するフィードバックが「多面評価*」と考えられます。立場が下の人間、年下の人間から面と向かって「あなた、ダメですね」と指摘されるとフェイスが傷つきます。そこで、評価基準を数値化し、平均点を出してフィードバックし、誰が何と言ったかわからない形で評価を伝えているわけです。

*多面評価とは、直属の上司が部下を評価するという従来の評価手法ではなく、上司、同僚、部下など、複数の評価者によって多面的に評価する手法。360度評価とも呼ばれる。

③については、大幅な行動改善を促す際、「あなたに期待をしているからこそ、是非改善してほしい」といった具合に、伝え方に最大限注意しましょう。行動変容の要求レベルが大きいほど、人はプレッシャーを感じますし、フェイスを侵害されたと感じるからです。

■人は4種類のモチベーションでフィードバックを受ける

前述のように、人は4種類のモチベーションでフィードバックを受けます。

一つ目は「自己改善動機」。これを持つ人は「自分を良くしたい」という前向きな姿勢でフィードバックを受けます。ある意味、一番優れた動機であり、熟達目標志向の高い人は自己改善動機でフィードバックを受けることが多いのでしょう。二つ目は「自己査定動機」で、この動機を持つ人は「自分に対する的確な評価を知りたい」という意識でフィードバックを受けます。三つ目は「自分のことを高く評価したい」という意識を持つ「自己高揚動機」であり、遂行接近目標志向の高い人はこの動機を持つことが多い。四つ目は「自己確証動機」で、この動機を持っている人は「自分が信じる自分の姿を確かめたい」と考えます。彼らはポジティブでもネガティブでも自分の考える自己像に一致するアドバイスを求めます。そして、自分のイメージに合わない情報は聞き流します。

このように、フィードバックを受けるモチベーションも様々なので、ネガティブフィードバックが刺さりやすい人もいれば、そうでない人もいます。とはいえ、「伝えるべきことは、きちんと伝える」ことが求められる人事評価では、評価が低い人にはネガティブフィードバックをすることになります。

ここで厄介なのは、評価の低い人ほど自己高揚動機や自己確証動機を持っている可能性が高いと考えられることです。ネガティブフィードバックが必要な人ほど、ネガティブフィードバックが刺さりにくいのです。では、どのように伝えればいいのでしょう。

まず、ポライトネス理論を踏まえれば、信頼関係を構築した上でネガティブフィードバックしましょう。加えて、ネガティブフィードバックするときには、一定の時間をかけて評価が低いことを予期させて、前向きに改善に取り組むように動機付けます。

課題を特定した上でフィードバックするのも効果的です。「問題があるのは、具体的にこういう点です」「この点について、まずは行動を改善してもらえませんか」と、焦点を絞る。「あなたを全否定しているわけではない。問題がある点だけ、改善してくれればいい」という意図が相手に伝われば、受け入れてもらえる可能性は格段に上がります。

■ハイパフォーマーにも、何らかのネガティブフィードバックが必要

変化の激しい現代、一つの能力が何十年も通用するとは考えにくい。人はつねにスキルアップしたり、スキルチェンジしたりする必要があり、学び続けること、変わり続けることが求められます。経営者や人事担当者は、社員が自分に何が足りないかを気付くように仕向けなくてはなりません。その意味でも、ポジティブフィードバックばかりでなく、ネガティブフィードバックが必要なのです。

ただ、前述のように単なるネガティブフィードバックでは効果がないこともある。そのため、社員が自分の能力不足に気付くように、あえてアウェイの環境に配置することも検討するべきでしょう。フィードバックではなく、「このままでは通用しない」と感じる仕事に配置替えするわけです。

こうした施策が特に必要になるのは、「過去のハイパフォーマーたち」です。彼らは、高いパフォーマンスを発揮していた若い頃、安い賃金で働いていた。「給料が安い分は、年を取ってから取り返す」ことが前提だったため、現在、パフォーマンスが低いのにもかかわらず高い給料をもらっています。これは、社内の雰囲気を停滞させ、組織の変化を妨げます。

現状を変えるには、「賃金は後払いで構わない」という心理的な契約を交わしていた人に、「過去の実績はさておき、これがいま求められる水準ですが、あなたは達成できていません。査定で高評

価は付けられません」と指摘しなくてはならない。ネガティブフィードバックをして、変容を求めるわけです。

当然、彼らは裏切られたように感じるでしょう。しかし、組織の活力を維持するには、これも必要なのです。

そう考えると、ハイパフォーマーに対しても日頃から、良い成果（現在のパフォーマンス、他者との比較）だけでなく、良い成長（現在の成長度合い、過去との比較）の視点からもフィードバックしておく必要があるでしょう。つねに自己改善動機が作動している状態にしておくのです。すべてを肯定すれば、自己高揚動機や自己確証動機が肥大化しかねません。

優れた成果をあげた人にも、ポジティブとネガティブの両面でフィードバックするように心がける。成果についてはきちんと評価しつつも、一方で「あなたはもっと成長できる」「こういう改善が必要」と伝え続けるのです。

ただし、「個人を変える」というアプローチに限界があるのも、紛れのない事実です。人を変えるには並々ならぬ介入が必要で、時間もコストもかかります。「その介入コストを企業が払えるか」「多大なコストを払ってまで、その人を会社に置く意味があるのか」といった観点から、冷静に見極める必要があるでしょう。そのため実際のところ、個人を変えるための取り組みはある程度のところで諦めて、仕組みによってカバーするほうが現実的かもしれません。たとえば、採用の時点で個人の特性を見極めて、自己高揚動機や自己確証動機を持つ人は採らないのです。

また、ネガティブフィードバックで離職の可能性が高まることは、覚悟しておきましょう。組織に合わない人材、ボトルネックになってしまう人材には離職してもらうほうが、双方にとって良い結果につながると考えるのです。

なお、ネガティブフィードバックの例外があり得るとすれば、ハイパフォーマーで、なおかつ自己確証動機を持つ人材です。そういう人には「ネガティブフィードバックは行わない」という判断もアリかもしれません。自分なりの勝ちパターン、成功スタイルが固まっている人は、ネガティブフィードバックによってパフォーマンスが下がらないように、あえて放っておくのです（遠い将来に本人が苦労する可能性はありますが……）。

PART II

組織のマネジメントバイアス

4章
成長に関するバイアス

【バイアス㉙】経営理念が浸透すると、会社は成長する

【集団凝集性】

集団凝集性とは、組織がメンバーを惹きつけ、メンバーシップを高め合っている状態である。凝集性が高いほど、組織の団結力が高まり、成果が高まる傾向がある。一方で、外部からの批判的な意見を受け入れられず、意見が単一化する傾向もある。

■経営理念や行動規範の浸透は会社の成長に結び付くのか

現在、多くの企業は、「ビジョン」「ミッション」といった経営理念、行動規範である「バリュー」を作り、社内外に周知徹底し、実践させることが企業の成長につながると考えています。

ではそもそも、ビジョン、ミッション、バリューとは何でしょう。

ビジョンとは、社会や市場、顧客に「こうした価値を提供したい」「こうした変化を起こしたい」と表明する大目標です。ビジョンを踏まえて、この目標を達成するために会社が何をやるのかを語るのがミッション。そしてバリュー、いわゆる行動規範はミッション遂行にあたり、個々の構成員が重視するべき価値観となります。

企業はビジョンを実現するため、バリューに基づいてミッションを実行する。そのプロセスを通じて社員が一丸となり、成長できるとベンチャー企業などでは信じられています。

特にビジネスモデルがある程度確立され、事業計画やファイナンスも目途が付いたIPO目前の段階で求められるのは事業をとにかくスケールさせること。社員一丸となってゴールに向かって全力疾走しなければ、到底達成できません。そこで、経営理念や行動規範の浸透が組織の一体化に役立つと考えられています。

経営理念や行動規範はまた、組織に入ってきた新しい人材が会社の文化を理解し、組織の価値基準に基づいて行動できるようにする上でも利用されます。新しく入ってきた人材を部署に配置し、組織の一員として定着させ、戦力にするまでのプロセスにおいても、経営理念や行動規範が有効であると考えられているのです。

一方、成熟している大企業において、経営理念や行動規範はどのような働きをするのでしょう。不動産業界のように成熟した業界の場合、「何をすれば勝てるのか」がわかっているため、経営理念や行動規範によって組織の凝集性が高まれば成果は上がりやすくなりそうです。ただ一方で、そもそも経営理念や行動規範があまり浸透せず、単なるお飾りになっている会社も多い（そのため、「経営理念は、（理念を紙に書いた際に、その）インクが乾く前に破られた約束」と言う人もいます）。本当に、経営理念や行動規範は会社の成長に結び付くのでしょうか。

■行動規範は浸透しやすいが、経営理念は浸透しにくい

学術界では、経営理念や行動規範の浸透と、仕事に対する満足度や組織に対する愛着・一体感の関係が研究されています。

研究によれば、経営理念や行動規範が浸透すると、仕事に対する満足度や組織に対する愛着・一体感が高まる。そのため経営理念や行動規範が社内で浸透すれば、凝集性が高まり、パフォーマンス向上につながる可能性は高いでしょう。

ただ、経営理念は抽象的であるため、社員が行動に落とし込みにくい。経営理念に関する研究においても、我が身にどれほど置き換えやすく、仕事にいかに活用しやすいかという点が浸透の鍵になることが指摘されています。

そのため、経営理念と行動規範が連動していないと、行動規範は浸透するが、経営理念はあまり浸透しないという現象が起こりそうです。行動規範は社員が仕事で活用しやすいのに対して、経営

理念の実践はほとんどの社員には難しいからです（個々の判断がミッションやビジョンと合致しているかは極めて判断が難しいでしょう）。

本当の意味で経営理念を実践できているかを意識できるのは、一部の経営層だけかもしれません。

■浸透させるために、経営理念と行動規範と連動させる

リクルートの昔の社訓である「自ら変化を作り出し、変化によって自らを変えよ」は行動規範であり、ほぼ社員全員が答えられました。この事実は、行動規範が浸透しやすいことを物語っています（おそらく、経営理念を答えられる社員は多くなかった筈です）。

そのため、経営理念を浸透させるには、行動規範と連動させるといいでしょう。経営理念と行動規範が連動していれば、社員は行動規範を意識するだけで、結果的に経営理念を実現することにつながるからです。実際、企業の理念浸透のプロジェクトにおいても、そうした施策が採られています。

ただし、例外もあります。カリスマ経営者がいる企業ではしばしば、経営者の世界観や哲学に基づいて経営理念が作られます。パナソニックグループの創業者である松下幸之助氏は、毎朝社員に会社の「綱領」「信条」と「遵奉すべき5精神」を、京セラやKDDIの創業者である稲盛和夫氏はJAL再建にあたり「JALフィロソフィ」という企業理念を社内で唱和させていました。

理念浸透において最も重要なのはリーダーの言動であると指摘されているように、カリスマ経営者がいれば、経営理念は組織に浸透し、機能するでしょう。逆に、カリスマ経営者がいない会社では、行動規範を重視し、経営理念を行動規範に連動させたほうが良さそうです。

【バイアス㉚】 MBOによる目標管理は、社員のポテンシャルを引出す

【MBO (Management by objectives and self-control)】

「MBO」とは、経営学者であるピーター・ドラッカーが提唱した考え方であり、後に組織における目標管理制度として体系化された。MBOでは個人とグループが目標を設定し、その達成度によって評価する。評価項目は「能力開発目標」「職務遂行目標」「業務改善目標」「業績目標」の四つ。MBOの最大の特徴は、会社が目標を設定するのではなく、社員が自ら目標を設定し、上司がその目標を組織目標と連動させながら支援し、目標の達成度合いにより評価する点にある。

■MBOで、業績を向上させることはできるのか

ここ数十年の間に、「MBO」は日本企業に深く浸透しました。ある意味、MBOは日本における目標管理・評価制度の標準的存在になっていると言えるでしょう。

MBO導入の狙いは二つ。「チームと個人の目標を設定することで個人のパフォーマンスを引き上げること」と「設定した目標の達成度合いを把握することで精度の高い評価を可能にすること」です。でありながら、筆者はMBOをうまく運用することで、業績を向上させ、評価の納得感を上

げている会社をほとんど見たことがありません。

これは、多くの企業が「とりあえずやっておこう」と、あまり深い考えを持たずにＭＢＯに取り組んでいるからかもしれません（あるいは、元々は明確な目的があったものの、運用するなかで目的を忘れ、形骸化してしまったケースもあるでしょう）。評価面談も「なぜ達成できなかったか」の説明に終止したり、雑談に終わったりし、改善につながらない。評価面談の直前になってようやく目標のことを思い出すことも多い（本来は期中に目標を意識して過ごさないと意味がないのですが……）。上司が達成度をきちんとチェックしていないことさえあります。成果をきちんと確認することなく、申告通りに評価してしまっているのです。

また、人事や経理、総務といったバックオフィス部門では、「目標を定量化しにくく、達成できたかの判断が曖昧で評価が難しい」という声が絶えません。ＭＢＯで設定したチーム目標がかえって個人のパフォーマンスを下げることもあるようです。

たとえば、不動産会社の営業部のように個人プレーの業務スタイルが一般的で成績に偏りが出る部門では、チーム目標が機能しません。個人の成績に応じてインセンティブが発生する場合、チーム目標を意識する意味がほとんどないからです。

60年代に導入が始まり、80年代〜90年代にかけてから急速に普及したこのＭＢＯですが、まったく成果が上がっていないように感じられます。

■仕事の相互依存性が高い場合、チーム目標の設定は総じて有効

では、ＭＢＯという仕組み自体が本来、機能しないものなのでしょうか。

実は、ＭＢＯの二つの狙いのうち、「チームと個人の目標を設定すると個人のパフォーマンスが上がる」ことは、学術研究で確かめられています（チーム目標はできるだけ全員が理解しやすく、難しいものとされています。ただし、難易度が高過ぎると、「そんな目標は達成できない」とモチベーションが上がらず、成果が出にくくなります）。

目標設定に関する一連の研究で特に興味深いのは「どういうときにチーム目標を設定すると効果が高いか」です。その鍵となるのが、仕事の相互依存性。すなわち、互いの仕事が重なり合う度合いです。この程度が高いときは、チーム目標を立てれば、互いに助け合ったり、協力し合ったりしやすいため、パフォーマンスが引き上げられるとされています。日本企業は一般に、仕事の相互依存性が高いので、チーム目標の設定は総じて有効かもしれません。

なお、チーム目標の効果に影響を与える「職場の相互依存性チェックリスト」も存在します。チェックリスト5～7項目で構成され、「イエス」と答えるほど相互依存度は高くなり、「ノー」だと低くなります。

このようなリストも活用してチーム目標を設定すれ

図｜仕事相互依存性の尺度

- 私の仕事は、チームのメンバーの進捗にたえず気を配らなければうまくすすまない
- 仕事をすすめていく上では、チームのメンバーにたえず相談しなければならない
- 私の仕事がうまくいかないと、チームのメンバーの仕事もうまくいかなくなる

Kiggundu, 1983を参考に、鈴木，2011に作成

ば、個人のパフォーマンスも上がる筈なのに、現在なぜ、日本企業においてＭＢＯが機能していないのでしょう。

その理由は、相対評価による評価制度と連動させていることにあるのかもしれません。そもそもドラッカー自身は、自律的な能力開発のツールとしてＭＢＯを提案しました。シンプルに言えば、「日常的な業務をマネジメントする上で立てた目標にきちんと向き合う」ための方法なのです。自らの能力開発のために作られた育成ツールを、相対評価による評価制度と連動させるのは本来の意図とずれています。

■ＭＢＯと評価制度を切り離す企業が現れている

最近、筆者が知る限り、ＭＢＯ偏重の評価制度を見直す企業が増えています。外部環境が激しく変化している点も影響しているのでしょう。評価制度には、評価基準の明確さや厳密さが必須であるにもかかわらず、たとえば外部環境変化のために期の途中で評価軸が販売数から新規顧客の獲得数に変わるといった状態が起こっているのです。

では、どのように見直すべきなのでしょう。

ＭＢＯと評価制度を切り離す企業が現れています。評価制度と連動させると、社員は達成度合いばかり意識して、達成しやすい目標を設定する。これでは、高い目標の下で、ストレッチを促し、社員のポテンシャルを引き出すことが難しくなるだけでなく、本質的な生産性向上につながるプロセス設計やスキルアップなどを軽視し、目先の成果だけを追い求める、などの弊害を生みかねません。実際、評価と切り離した会社の社員に話を聞いてみると、「評価と切り離されたことで、目標を設定しやすくなった」と言っています。

従来型の「上からノルマを設定するやり方」も限界を迎えるなかで、どうすれば納得感のある目標を設定できるでしょう。

一つの方法として勧めたいのが、リクルートの「ヨミ会」方式です。リクルートの営業会議、通称「ヨミ会」は、設定した目標を調整する場です。そこでは、「ヨミ」と呼ばれる受注見込み金額に基づいて、どのように今期の目標を達成するのかを話し合います。

各営業部員たちは、「ほぼ受注できる＝Aヨミ」「受注できる可能性が高い＝Bヨミ」「受注のハードルが高い＝Cヨミ」というランクを付けた申込書を積算し、受注予想額を会議に提出します。そして売上目標を達成するため、「BヨミをAヨミに変える」「CヨミをBヨミに変える」ための戦略を他のメンバーとともに考えるのです。結果、個人に対するノルマを設定せずに、高い目標達成率をたたき出しています（最近は、こういうヨミをデータに基づいて行ってくれる営業管理システムも登場しています）。

グーグルやフェイスブック、インテルといったIT企業などで導入されている「OKR」もまた、MBOに替わる目標管理制度の選択肢の一つとして注目されています。OKRでは、組織としての目標（O、Objectives）を全社で共有し、それを実現するために必要な成功指標（KR、Key Results）を3〜4点ほど設定。会社のOを達成するための部門のO、部門のOを達成するためのチームのO、チームのOを達成するための個人のOと、それぞれに対するKRを設定します。

つまり会社、部門、チーム、個人の向から方向を揃えつつ、目標を共有することで、個人のコミットメントを引き出すのです。

またOKRのO（ムーンショット）は、目標達成の判断基準を60〜70％あたりに設定することも特徴です。高い目標を設定することで個人のパフォーマンス向上を狙っているのです。

【バイアス㉛】　エンゲージメントが高まれば、組織の業績も上がる

【エンゲージメント】

エンゲージメントは「愛着心」「思い入れ」「一体感」などを意味し、マーケティング分野では商品の好感度や顧客のロイヤリティなどを指す言葉として使用される。人事分野では、会社と社員の関係を指す「従業員エンゲージメント」、仕事への活力を示す「ワークエンゲージメント」という二つの概念に大別できる。従業員エンゲージメントは、日本企業では定着率向上のキーワードとして広まった。かつてよく聞かれた「ロイヤリティ」が企業側の〝上から目線〟であるのに対して、従業員エンゲージメントは社員目線であることが特徴の一つと言える。

■なぜ、日本でもエンゲージメントが注目されるようになったのか

70年代の米国では、職業性ストレスの研究が盛んになりました。そのなかで注目を集めた現象の一つが「バーンアウト＝燃え尽き症候群＊」です。

＊米国の心理学者ハーバード・フロイデンバーガーが提唱した概念。意欲に満ち溢れていた人が、突然〝燃え尽きた〟ように無気力状態に陥って職場不適応や出社拒否の徴候を示すこと。

学術界では、エンゲージメントはこのバーンアウトとしばしば対比されます。エンゲージメントはバーンアウトの研究から派生的に生まれた概念だからです。上司の指示にイヤイヤ従って働くのではなく、自ら率先して行動し、指示以上の成果を出すような働き方を指して「エンゲージメントが高い」と評するようになりました。

米国では90年代から「組織サーベイ*」をはじめとするエンゲージメント関連の商品（ツール）が開発され、それらの商品を通してエンゲージメントの概念が産業界に浸透していきました。実際、米国のHR系カンファレンス*でも「エンゲージメント」というキーワードを含むプログラムの数は多くなっています。

*組織サーベイとは、あらかじめ設定した質問項目を自社内の社員に配信し、回答を収集した上で分析結果を提示する調査。週次や月次など短期的なサイクルで実施し、少ない質問数で回答を得る「パルスサーベイ」なども存在する。また、HR系カンファレンスとは、「人・組織・経営」に関する研究の第一人者、企業の第一線で活躍する人事担当者、実績豊富な人材サービス事業者を講演者として呼び、最新の知見や他社事例、ノウハウなどについて学び、意見交換するイベント。

一方、日本企業でエンゲージメントが知られるようになったのは2000年代に入ってからのこと。当時日本では、エンゲージメントサーベイの質問項目や結果が日本の組織や社員に適さないと考える企業も少なくありませんでした。

最近、日本でエンゲージメントが注目されるようになった背景には、うつ病などのメンタルヘルスの問題、若年層を中心とした離職増加の対策として、働く人たちの「意識」に目が向けられるようになったことがあります。エンゲージメントに対する関心の高まりとともに、サーベイなどのツールが日本でも開発され、導入が進みました。

特に有名なのが、米国ギャラップ社*の「エンゲージメント・サーベイ」です。このサーベイでは、全世界1300万人の調査結果から導き出した12の質問で、従業員エンゲージメントを計測できると謳っています。

*1935年にジョージ・ギャラップによって設立された米国世論研究所を前身とする世論調査およびコンサルティング企業。「大統領選挙の予想」で有名。

ギャラップ社のエンゲージメント・サーベイで聞かれる質問「Q12（キュー・トゥエルブ）」は次のようなものです。

Q 1：職場で自分が何を期待されているのかを知っている。
Q 2：仕事をうまく行うために必要な材料や道具を与えられている。
Q 3：職場で最も得意なことをする機会を毎日与えられている。
Q 4：この7日間のうちに、よい仕事をしたと認められたり、褒められたりした。
Q 5：上司または職場の誰かが、自分をひとりの人間として気にかけてくれているようだ。
Q 6：職場の誰かが自分の成長を促してくれる。
Q 7：職場で自分の意見が尊重されているようだ。
Q 8：会社の使命や目的が、自分の仕事は重要だと感じさせてくれる。
Q 9：職場の同僚が真剣に質の高い仕事をしようとしている。
Q 10：職場に親友がいる。
Q 11：この6カ月のうちに、職場の誰かが自分の進歩について話してくれた。
Q 12：この1年のうちに、仕事について学び、成長する機会があった。

出典：ギャラップ社　日本法人（https://www.gallup.co.jp/home.aspx）

図｜ギャラップ社のエンゲージメント・サーベイで聞かれる質問

ギャラップ社による「Q12」の公開は画期的でした。サーベイ会社やコンサルティングファームは一般に、質問項目を公表しないため、結局のところ何を測定しているのかわからないことも珍しくありません。その意味で、ギャラップ社が質問項目をすべて公開した姿勢は高く評価するべきでしょう。

ただ、質問項目を公開したことで、「様々な要素が含まれ過ぎていて、実際のところ何を表しているのか不明瞭」という批判が米国で聞かれるようになりました。

■従業員エンゲージメントは古くからある概念の巧妙な言い換え

現在、日本では、エンゲージメントの認知度が上がっています。将来的には、このキーワードが浸透し、当たり前のように使われるようになる可能性も十分あります。

ただ、その際に問題となるのがエンゲージメントの定義です。実は、従業員エンゲージメントという言葉は明確に定義されていません。一般に「絆」「つながり」「一体感」「愛着」といった言葉に置き換えられる従業員エンゲージメントは、社員の能力や性格、成果を出す人の思考パターンや行動パターンなど様々な要素が含まれる感覚的な概念です。エンゲージメントと、「モチベーション」「ロイヤリティ」「従業員満足」との意味の違いを端的に説明できる人は少ないのではないでしょうか。コンサルタントなどが便利に使いがちなマジックワードと言ってもいいかもしれません。

海外においては、「従業員エンゲージメントは古くからある概念の巧妙な言い換えに過ぎない」と指摘する研究者もいて、「古いワインを新しいボトルに詰め替えただけ」という皮肉めいた批判もあるほどです。人事領域のコンサルティングサービスにありがちな〝実体がなく、効果もないツール〟の一つとなれば、エンゲージメントという概念が一過性のブームで終わってしまいかねません。

さらに、エンゲージメントが日本で出回り始めた頃、「エンゲージメントが高い企業の業績は高い」という触れ込みで紹介されました。これが人事関係者を驚かせ、注目を引いたのです。

しかし、そうした因果関係を検証可能なエビデンスとともに示した（査読付き）論文*は、少なくとも筆者の知る限り存在しません（このことは研究者によっても指摘されています）。

＊査読付き論文とは、研究者による匿名の審査を経て、掲載された論文である。査読が付いた論文は一定の信頼度を持っていると理解される。なお、査読の付かない論文もある。

■業績に対する証拠はないが、今後の研究を期待

17年にギャラップ社が発表した調査結果は、日本の人事関係者の間でも話題になりました。日本の企業においてエンゲージメントが高い「熱意あふれる社員」はわずか6％に留まり、その割合は調査対象となった139カ国中132位でした。しかも「やる気のない社員」は約70％もいて、「周囲に不満をまき散らしている無気力な社員」は24％という惨憺たる結果です。ちなみに、米国の企業では「熱意あふれる社員」は32％でした。

この調査結果を受けて、「日本企業は社員のエンゲージメントが低い」。このままではマズイ」などと、〝働き方絶望論〟の材料に使う論調も目立ちました。一方で、現実の職場と見比べて、調査結果そのものに違和感があるという冷静な指摘もあったのですが……。

指摘の通り、従業員エンゲージメントはツッコミどころの多いキーワードです。とはいえ、従来の従業員意識調査に比べて〝使い勝手〟がいい点は魅力です。実施側が何でも調査範囲に含めたがるため、質問項目が膨大になりがちな従業員満足度調査は、毎年繰り返されることで定点観測できる半面、アンケートに答える社員に負担がかかり、調査そのものに飽きて回答も適当になるため、しばしば正確さに欠けます。

その意味で、少なくともギャラップ社のエンゲージメント・サーベイには、質問数が少ないというメリットがあります（ギャラップ以外のエンゲージメントサーベイは必ずしも短いわけではありません）。また、現状として従業員エンゲージメントの定義があいまいだからといって、今後もずっとそうであるわけではありません。まずは、他の概念と区別できるような形で、従業員エンゲージメントの定義を明確にし、それらをサーベイに落とし込んでいく必要があるでしょう。

その上で、個人のパフォーマンスや組織全体の業績に対する従業員エンゲージメントの影響力を分析し、その結果を公開していくのです。この点については、サービス提供者に期待するとともに、導入する企業側でも独自に必要なテーマを設定し、調査研究を重ねていく必要があるでしょう。

【バイアス㉜】組織への愛着や一体感を高めれば、社員のパフォーマンスが上がる

【ワークエンゲージメント】

従業員エンゲージメントが〝働く個人と会社の関係〟を指すのに対して、ワークエンゲージメントは〝働く個人と仕事の関係〟がどのような状態にあるかを指す。仕事に熱意を持ってイキイキと打ち込んでいる状態を「ワークエンゲージメントが高い」と呼ぶ。海外においては、「従業員エンゲージメント」は主に産業界で広まり、「ワークエンゲージメント」は学術界で広まった。

■ワークエンゲージメントが高い状態とは何か

オランダのユトレヒト大学で元々はバーンアウトについて研究していたウィルマー・シャウフェリ*らは、その反対の「良好な状態」として「エンゲージメント」という概念を提唱しました。

＊ウィルマー・シャウフェリとは、オランダのユトレヒト大学社会科学部産業・組織心理学科の教授。長らく職業性ストレスやバーンアウトについて研究を行ってきたが、近年はワーク・エンゲージメントを含むポジティブな産業心理学に取り組んでいる。

ワークエンゲージメントが組織研究から生まれたのではなく、バーンアウトというネガティブな心理傾向の研究から誕生したのは興味深い点です。「仕事に疲れ切っている」「やる気が起こらない」「挑戦する気力がわかない」「粘り強さを発揮できない」といったマイナスの状態の研究から提言できるのは、「マイナスをゼロの状態に戻す」ところまで。研究者たちも負の感情を調べ続けて気が滅入ってきたのかもしれません（実際に、そのような記録を残しているバーンアウトの研究者もいます）。

シャウフェリらの研究によれば、ワークエンゲージメントが高い状態には「①熱意」「②活力」「③没頭」という三つの特徴があります。

この3要素からワーク・エンゲイジメントを測定する質問項目が開発され、大学名からとって「ユトレヒト・ワーク・エンゲイジメント尺度*」と呼ばれています。

＊ワークエンゲージメントを測定する質問項目のセット。研究目的での使用は無料だが、商用目的の場合は原著者に連絡する必要がある。

①熱意	仕事へのコミットメントが強く、意義を感じている。誇りとやりがいをもって働き、挑戦心もある
②活力	イキイキと働き、仕事への努力を惜しむことなく、粘り強く取り組んでいる
③没頭	あっという間に時間が過ぎたと感じるほど仕事に集中し、夢中になれる。仕事そのものが楽しく、意欲が続く

図｜ワークエンゲージメントの高い状態

■ワークエンゲージメントは、個人のパフォーマンスにプラスの影響

ワークエンゲージメントの研究から、「ワークエンゲージメントが高いほど、組織への愛着や一

1	仕事をしていると、活力がみなぎるように感じる
2	自分の仕事に、意義や価値を大いに感じる
3	仕事をしていると、時間がたつのが速い
4	職場では、元気が出て精力的になるように感じる
5	仕事に熱心である
6	仕事をしていると、他のことはすべて忘れてしまう
7	仕事は、私に活力を与えてくれる
8	朝に目がさめると、さあ仕事へ行こう、という気持ちになる
9	仕事に没頭しているとき、幸せだと感じる
10	自分の仕事に誇りを感じる
11	私は仕事にのめり込んでいる
12	長時間休まずに、働き続けることができる
13	私にとって仕事は、意欲をかきたてるものである
14	仕事をしていると、つい夢中になってしまう
15	職場では、気持ちがはつらつとしている
16	仕事から頭を切り離すのが難しい
17	ことがうまく運んでいないときでも、辛抱強く仕事をする

図｜ユトレヒト・ワーク・エンゲイジメント尺度

体感が強く、個人のパフォーマンスが高い」という結果が得られています（パフォーマンスについては、自己評定でも上司評定でも、同様の結果が得られています）。また、あるファーストフードの店舗に関する調査では、スタッフのワークエンゲージメントが高い店舗は、他店よりも売上が高いことが検証されています（ただし、このことをもって、ワークエンゲージメントは企業全体の業績を高める効果がある、とまでは言えませんが……）。

しかもワークエンゲージメントが高いと、1日の仕事に集中するだけでなく、その状態が数カ月、数年と長期間持続します*。

＊これは、ワークエンゲージメントが「ある顧客との仕事は楽しい」「あるテーマなら楽しい」といった限定的なものでなく、「どんな状況であってもその仕事が好き」と感じられる感情や意識であるためである。ちなみに、一時的なワークエンゲージメントは「状態ワークエンゲージメント」と呼ばれる。

このようにワークエンゲージメントは重要な概念です。しかし残念なことに、人事の現場では従業員エンゲージメントとワークエンゲージメントをほとんど区別できていません。実際、従業員エンゲージメントの用語解説に、ワークエンゲージメントの記述が書かれている例も散見します（これは、ワークエンゲージメントのほうが概念が明確で、説明しやすいためだと思われます）。

なお、ワークエンゲージメントは、他人の目からは高く見えるにもかかわらず、実は低いこともあるので注意が必要です。たとえば、いつもやる気に溢れていて、ガムシャラに働いている人が内心「上司に怒られたくない」「仕事は嫌いだが、サボることに罪悪感がある」「とにかく不安だ」といった心理状態で業務にあたっていることもあるのです。

このように負の心理状態で働き続けることは、「ワーカホリズム」と呼ばれます。ワーカホリズムに陥っている人は、仕事を楽しむ気持ちが弱く、達成感や喜びが少ないため、ちょっとしたきっかけでバーンアウトを引き起こす可能性があります。

■組織の一体感を高める施策よりも、働きがいのある環境の整備が重要

現状、人事施策に「エンゲージメント」を取り入れる場合、従業員エンゲージメントではなく、ワー

クエンゲージメントに着目して施策を考えたほうがいいでしょう。なぜなら、従業員エンゲージメントはあまりに範囲の大きな概念で、結局のところ何を指しているのか不明瞭であるのに対して、ワークエンゲージメントは、測定可能な尺度がある厳密な概念だからです（定義の話をすると、「そんな細かい話をしなくても……」と堅苦しいイメージを持つかもしれませんが、定義のよくわからない言葉を使い続けると、「互いに同じことを語っているつもりで、実は異なることを話題にしていた」といった事態が起こります。採用における「コミュニケーション能力」は同様の問題に陥っています）。

ワークエンゲージメントの重要性を考慮すると、会社は、組織への愛着や一体感を高める施策よりも、まずは社員たちが働きやすい環境を整備し、仕事そのものを面白く感じられるようにするほうがいい。たとえば、仕事を通じて能力や知識を身に付けることを支援したり、社員同士のコミュニケーションを通じてノウハウを共有したりする。これにより、ワークエンゲージメントが高まり、パフォーマンスの向上につながる可能性があるからです。

高い離職率が問題なら、〝働く個人と目の前にある仕事の関係〟に目を向けるといいでしょう。社員が仕事に熱意を持ってイキイキと取り組め、没頭できることを第一義に置いて、それを実現するために上司が環境を整備するという考え方です。

現在の日本企業において、取締役まで出世する人はおそらくワークエンゲージメントの高い方です。しかし、自分がマネジメントの立場になるとそのことを自覚しないようになり、部下の業務を支援しないために彼らのワークエンゲージメントが下がる、といった状況が見られます。これは、人事担当者も気を付けたいポイントです。

【バイアス㉝】 ダイバーシティが高まると、組織のパフォーマンスが向上する

【表層的ダイバーシティと深層的ダイバーシティ】
「表層的ダイバーシティ」とは、年齢や性別、人種、国籍、障害や肉体的能力、性的指向、民族的なバックグラウンドなど、外側から見えやすい属性の違いである。対して「深層的ダイバーシティ」とは、性格や価値観、態度や習性、趣味、学歴、職歴、宗教など、外からは見えにくい内面的な属性を指す。深層的ダイバーシティは、問題が可視化されにくい。

■ダイバーシティの実践は、なぜ難しいのか

近年、日本が国を挙げて取り組んでいる施策の一つに「ダイバーシティ推進」があります。「多様性」と訳されるダイバーシティとは、平たく言うと「属性のバラツキが大きい状態」です。たとえば「性別」という属性であれば、男性1人に対して、女性1人の割合で存在する状態が、ダイバーシティの高い状態とされます。

国の施策では、働き方が多様化するなか、年齢や性別、人種といった属性の異なる人々の個性を尊重して受け入れ、それぞれが能力を発揮できる環境を整えることで、組織の生産性を上げるとしています。この考え方は、以前よりビジネス界でも喧伝されており、昨今の経営者や人事担当者は

「ダイバーシティが高まると、組織のパフォーマンスが向上する」と当たり前のように考えています。

たしかに少子化も進み、深刻な採用難が叫ばれる日本において、社員の多様性を受け入れることは、人材確保の上で避けて通れません。ただそこでは、年齢や性別、人種などの属性だけでなく、性格や考え方、学歴や職歴といった属性においても、多様な人を受け入れる必要があるのではないでしょうか。自社の組織文化と合わない人もうまく受け入れて、一人ひとりがそれぞれの強みを活かして、組織のパフォーマンスを向上させるのです。

ただ、こうしたダイバーシティの実践は、それほどたやすいことではありません。そもそも、多くの日本企業において、経営者や人事担当者が好む人材は「自分よりも集団を優先する」タイプ。上司の命令が論理的でなくても、まずは文句を言わずに業務に取り組み、朝令暮改にも柔軟に対応する。

一方、人種や国籍、性格や考え方が異なる人のなかには、別の考え方をするタイプもいるでしょう。特に向上心が高く、良い意味での頑なさと進取の気質を兼ね備える人材は、上司や会社の矛盾を指摘するなど、組織の調和よりも考え方の正しさを優先させます。

では、ダイバーシティを高めるためにこうした人材を採用するとどうなるでしょう。

彼らは往々にして、「何事もまずは受け入れる」ことを求める旧来型の企業風土には馴染みません。間違っていること、筋の悪いことに対しては、真正面から反対することもあるでしょう。こうした態度は軋轢を生み、彼らもまた変わらない組織に対していらだちを覚える。「この会社の人々は志が低い」「組織としての意識の高さに欠ける」といった印象を抱き、会社を去るケースもありそうです。

このようにダイバーシティが高まっても、必ずしもパフォーマンスが向上するとは言えない気もします。

■「表層的ダイバーシティ」と「深層的ダイバーシティ」の二つがある

学術界では、ダイバーシティを「表層的ダイバーシティ」と「深層的ダイバーシティ」の二つに分けています。表層的ダイバーシティは、年齢や性別、人種など外から見えやすい属性。深層的ダイバーシティは、外から見えにくい内面的なもの、すなわち性格や考え方、学歴や職歴といった属性です。

現在、日本で大々的に行われているダイバーシティ関連の施策は表層的ダイバーシティに関するものが多く、深層的ダイバーシティに関する施策は、(ダイバーシティ推進という名目では)あまり行われていません。こうした前提を踏まえて、組織においてダイバーシティを高めると、どのような効果が得られるかについての研究を簡単に整理しましょう。

ダイバーシティについては世界各国で研究が行われており、「表層的ダイバーシティを高めたからといって、必ずしも組織に高いパフォーマンスがもたらされるわけではない」という研究結果が数多く示されています。

なぜ、ダイバーシティ施策が効果を発揮しないのでしょうか。それは、内集団バイアスが原因ではないかと思われます。

心理学における「内集団バイアス」とは、心理的に似た属性を持つ人間同士は（それが非常にささいな共通点であっても）、相手をより高く評価し、好感を抱きやすい傾向を指します。この考え方によれば、組織内でしばしば起こる派閥争いのように、人は自分とタイプの異なる人々（外集団）に違和感や反発心を抱きがちです。

ダイバーシティを高めれば、当然、多様な性格や考え方を持つ人材が集まり、「自分とは合わない」「自分とは違う」と感じる相手が組織内に増えることになります。結果、さまざまな軋轢が生じ、生産性が下がってしまう可能性もある。つまり、単にダイバーシティを高めても、組織のパフォーマンスにプラスの効果が生じるとは限りません。

ただし、ダイバーシティが組織のパフォーマンスを上げるケースもあります。その鍵を握るのが、人の「信念」です。

オランダの研究によれば、「『集団が機能するにはダイバーシティが重要である』という信念」を持った集団は、組織内でダイバーシティが高まるとパフォーマンスが高まる」そうです。つまり、漫然とダイバーシティを高めても効果はないが、ダイバーシティが高まった状態に、信念を加えれば、目覚ましい効果が生まれる可能性もあるわけです。

■ダイバーシティよりも良いチームを作ることが重要

いろんな人が存在する環境には、必ず性格や相性の合わない人がいて、足の引っ張り合いやいがみ合いが起こる。そのことを認めた上で、経営者や人事担当者は、どのように多様性を高めればいいいのでしょう。

ダイバーシティの実践にあたっては、まず互いの相性を重視することが求められます。通常の配置と同様に、属性の異なる人を、互いの補完関係を勘案しながら配置するのです（ある意味、当たり前のことですが、なぜかダイバーシティにおいては、その点が考慮されていない例をよく見ます）。

その際に重要になるのが、深層的ダイバーシティです。ある大手外食チェーンでは、社員全体のパーソナリティを分析し、組織における社員のパーソナリティの理想比を決めて、それ維持するという取り組みを行っているそうです。理由は、組織内の「深層的ダイバーシティ」にバラつきを持たせないと、徐々に言うことを聞く（受容性の高い）人ばかりになってしまうからです。

そのためこの会社では、意図的にパーソナリティの比率を決めて、組織内の深層的ダイバーシティのバラツキを維持することにより、受容性の高い人材の割合が一定以上高まらないようにコントロールしているそうです。このように、深層的ダイバーシティを高めた上で、属性の異なる人同士を組み合わせたチームを作るのです。

組織の構成員に「ダイバーシティは成果を生み出す」という共通の信念を持たせるのも有効でしょう。それには、小さな成功体験を積み重ねたり、成功事例を見せたりすることが効果的です。要は、成功体験によって社員の自己効力感を高めるのです。

昨今、とかくダイバーシティにばかりスポットが当たりがちです。ただ組織のパフォーマンスを向上させる上では、ダイバーシティの実践よりも、良いチーム、バランスの取れたチームを作ることが重要なのです。

【バイアス㉞】 イノベーションには、ダイバーシティが必要になる

【持続的イノベーションと破壊的イノベーション】

ハーバード・ビジネススクール教授であるクレイトン・クリステンセンはイノベーションを「持続的イノベーション」と「破壊的イノベーション」に分けた。持続的イノベーションは、既存の製品やサービスなどにおいて、現在の市場で求められている性能を向上させるイノベーション。すでに一定の市場シェアを獲得している大企業などが主導することが多い。たとえば、自動車業界における低燃費化や低価格化などがあげられる。一方、破壊的イノベーションは、現在の市場で求められている性能としては低いが、新たな価値を提供するイノベーションを指す。たとえば、自動車業界における自動運転化や電気化などがあげられる。

■日本は、何のためにダイバーシティを高めているのか

「ダイバーシティが高まると、イノベーションが起こりやすい」とは、まことしやかに語られる定説の一つです。そして変化のスピードが高まる現在、業種や規模に関係なく、「イノベーションを起こしたい」と考える経営者は少なくありません。

そのため、現在多くの日本企業が「ダイバーシティを高めよう」と考えているようです。たしか

に、日本企業の多くは、採用時にカルチャーフィットを重視するため、組織内の同質性が高まりがちです（こうした傾向は、大企業でも中小企業でも同様です）。同質性の高い組織は似たような意見ばかりになりがち。尖った意見、先進的なアイディアは生まれません。

こうした状況を打開するために注目を集めているのが「ダイバーシティマネジメント*」です。ダイバーシティマネジメントは、90年代から00年代にかけて米国で誕生した考え方。多民族国家である米国において、「人種や言語、性別や信仰が異なる人材を、どのように一つの組織として機能させるか」という問題意識から生まれました。

*ダイバーシティマネジメントとは、個人や集団間に存在するさまざまな違い、すなわち「多様性」を競争優位の源泉として生かすために文化や制度などの組織全体を変革しようとするマネジメントアプローチのこと。

つまり、米国におけるダイバーシティマネジメントは「眼の前の深刻な問題に対処する」という切実なニーズから生まれた。一方、現在の日本は「イノベーションが起こりやすい」「他社も導入した」など、比較的漠然としたニーズで推進している企業も少なくない。このような雰囲気先行の取り組みによって、本当にイノベーションが起こりやすくなるのでしょうか。

■ダイバーシティの重要性はイノベーションの種類で変わる

そもそも、ダイバーシティとイノベーションの間に関連はあるのでしょうか。

ハーバード大学ビジネススクールのクレイトン・クリステンセンによれば、イノベーションは2

種類に分類されます。一つは、既存の市場にある価値を改善、改良する「持続的イノベーション」。もう一つは、既存の市場になかった新しい価値を生み出す「破壊的イノベーション」です。

最近の学術研究によれば、どちらのイノベーションを目指すのかによって、ダイバーシティの必要性は変わることがわかっています。持続的イノベーションは、同質性の高い集団内で発生しやすいため、実はダイバーシティの高い集団とは相性が悪い。一方、破壊的イノベーションは、ダイバーシティの高い集団と相性が良いという研究結果が示されています。つまり、ダイバーシティを高めたほうが効果的な取り組みもあれば、ダイバーシティを高めないほうがうまく機能する取り組みもあるということです。

また、日本の研究では(『イノベーションの理由』(武石彰、青島矢一、軽部大著、有斐閣))、イノベーション実現のためには社内で多くの交渉が求められることもわかっています。こうした交渉は、社内のダイバーシティが高いと苦戦する可能性が高い。様々な価値観の人がいるほど、交渉のパターンも増え、反対意見も多様になり得るからです。

こうしたときに重要になるのがインフォーマルなネットワークです。ダイバーシティマネジメントがうまくいっている企業では、一般にこうしたネットワークが構築されています。

インフォーマルなネットワークには、部署を越えて異質かつ多様性のある情報が集まるため、ユニークで画期的なアイディアが生まれやすく、社内の交渉においても有効に機能します。対して、こうしたネットワークが構築されていない組織では、ダイバーシティをイノベーションにつなげることが難しい。つまり、ダイバーシティマネジメントには、インフォーマルネットワークの存在が不可欠なのです。

■ダイバーシティだけでなく、インフォーマルネットワークが必要

破壊的イノベーションを起こしたいのであれば、組織内のインフォーマルネットワークを強化し、意図的にダイバーシティの高いチームをつくることも一つの手です。

ただ、経営者や人事担当者はまず、「今、自社に必要なのは破壊的イノベーションか」を考えるべきです。現在、ダイバーシティに取り組む企業の多くは、行き先を決めないままに走り出している状態です。目的地を決めずに走り出しても、正しい場所にたどり着けません。まずは組織に何が必要かを、じっくりと見極める必要があります。

また、破壊的イノベーションに向けたプロジェクトチームを立ち上げたら、既存組織から物理的にも心理的にも隔離して、独自性を確保できるようにしましょう。イノベーションを起こすには、しばしば一見無駄に見える時間やコストがかかります。そのため、他部署と同じ建物にプロジェクトチームを置いてしまうと、実情を知らない他部署から「その取り組みは本当に儲かるのか」「いつになったら利益が出るのか」といった「数字」に関する厳しい批判が入り、メンバーが動きにくくなってしまうからです。

イノベーションには、どうしても試行錯誤の期間が必要です。ただでさえ、同調圧力の強い日本社会において、異端な才能は潰されがちです。「探索＝新しい知識を探ること」と「活用＝既存の知識を活かすこと」を同じ組織内で両立させるには、場所や部署を分けることが有効であるといい

う指摘もあります（『両利きの経営』チャールズ・A・オライリー、マイケル・L・タッシュマン著、東洋経済新報社）。イノベーション部隊を隔離するのは有効なのです。

組織のフェーズによっても、ダイバーシティの作用は変わってきます。たとえばベンチャー企業の場合、すでに収益構造や組織体制が確立されている既存企業と比べて、イノベーティブなビジネスモデルが求められます。そのため、創業期のベンチャー企業ではダイバーシティの高さが有利に働くことも多い。業種や業態をまたいで集まった友人同士が「何かおもしろいビジネスを一緒にやってみたい」「このサービス、実現できたら絶対楽しいよね」といった調子で、無邪気にスタートしたことが画期的なアイデアにつながるといったケースです。

しかし、ベンチャー企業もある程度ビジネスモデルが固まると、適切な行動ができる人は残り、合わない人は抜けていく。結果、数年後ふたを開けてみたら、創立メンバーは社長ともう1～2人程度しかおらず、他は全員新しい人になっているということが往々にして起こります。このように、ビジネスモデル確立したフェーズでは、「スケールするために、どのような人材が必要か」を突き詰め、その条件に合う人材を集めることが重要であり、単にダイバーシティを重視すると失敗する可能性が高いでしょう。

【バイアス㉟】

女性管理職の目標比率を公表するべきだ

【性役割意識】
性役割意識とは、性別によって役割に違いがあると考えること。「男は仕事、女は家事・育児」「夫は外で働き、妻は家庭を守る」といった固定的な性役割意識は、女性の社会進出や男性の家庭進出を阻害する要因となっている。組織内においては、「男性だから（女性だから）こういう仕事が向いている」などの、ステレオタイプが、仕事内容やキャリアに影響を与えることもある。

■なぜ、日本は女性管理職の比率が低いのか

近年、多くの日本企業が力を入れているダイバーシティ施策に、女性管理職の比率向上があります。「30年までに女性管理職比率を30％にする」など、具体的な数値を掲げている企業も少なくありません。

実際、日本は海外と比べて、明らかに女性管理職の比率が低い国です。内閣府が発表した「男女共同参画白書（18年版）」によれば、17年度の課長以上の女性管理職比率は13・2％。タイは女性の管理職のほうが多く、欧米は30％程度。中国や台湾も日本よりは女性管理職比率が高くなっています。

ではなぜ、日本企業は女性管理職比率が低いのでしょう。人が生まれながらにして「男は外でバリバリと働く」「女は結婚したら家庭に入り、家事や育児に専念する」という意識を持つ筈はありません。おそらく原因は、中世以降に日本で当たり前となっている「性役割分業」が影響していると思われます。「夫は外で働いて家族を養い、妻は家庭を守る」ことを前提に労働環境や社会制度が整えられていったのです。

こうした性役割分業の意識は、家庭や保育園、幼稚園や小学校などにおいて、「男らしさ」「女らしさ」として刷り込まれ、職業選択にも影響を及ぼします。たとえば、女性は男性的な職業に対して低い自己効力感しか持たず、選考に参加しません。さらに、男性は「女性は管理職には向かない」という先入観を持ち、女性も「管理職は男性の仕事。女性の自分は昇進できなくても仕方ない」といった考えを抱きます。

ダイバーシティ意識の高まりとともに、経営者や人事担当者は「女性にゲタを履かせる」というフレーズをよく口にするようになりました。男女で同じスペックの求職者がいたなら、女性を優先して採用する。多少経験や能力が不足していても、女性管理職が足りないので強引に昇進させる。こうしたダイバーシティ施策を、「女性にゲタを履かせる」と表現しているのです。

一方で、以前から女性を積極登用することで、成長につなげている会社も存在します。たとえば、リクルート創業者の江副浩正は、周りの日本企業が男性ばかり採用することを逆手に取り、あえて女性の優秀な層に的を絞って採用することに力を入れてきました。多くの企業において新卒採用の男女比が7：3、あるいは8：2だった時代から一貫して、リクルートはほぼ5：5、ときには女性のほうが若干多いこともありました。

■ダイバーシティ施策が、結果的に女性の排除につながる

ステレオタイプな男性と女性の性役割分業の有効性については、否定的な学術研究が主流です。一時期流行した「男性脳」「女性脳」のような概念には誤りが含まれており、「従来考えられていたほど男女の能力差は大きくはない」とまとめる論文が多いのです。

たとえば、「男性は女性よりも数字に強い」という通説がありますが、ある一定の年齢まで男女の数学能力に有意な差はほぼ見られません。ただそれ以降、男性の数学能力が高まる傾向はあります。従来からの性役割分業によって植え付けられた「女性は数学が苦手」という価値観が、自己効力感を低下させ、実際に数学に取り組むことを避けさせ、結果的に数学が苦手になるのかもしれません（ある意味、信念が行動に反映されるメカニズムです）。

また「ダイバーシティを高めよう」と企業が取り組むこと自体、ある種の矛盾をはらんでいると指摘する声もあります。これまで、男女差を意識せずに接していたはずなのに、ダイバーシティの研修などで「ステレオタイプな性役割意識を持ってはいけません」「女性を差別してはいけません」と指導されることで、逆に性別を強く意識するようになってしまうのです（こうした施策が、男女間のコンフリクトを生むことが米国では指摘されています）。

典型的なのは、「退勤後、性別の異なる上司と部下が二人きりで飲みに行ってはいけない」という内規を設ける例です。男性上司が男性の部下とは二人で飲みに行き、女性の部下とは行かない。

職場だけでは突っ込んだ話をしづらいために、女性部下に対しては言うべき指摘を言わなかったり、難しいクライアントを担当させなかったりするようになる。このように、ダイバーシティ施策が、結果的に女性の排除につながるという副作用を生んでしまうのです。

ダイバーシティ研修など、偏見を是正することを目的とした研修が期待された効果をあげないことは、学術的には繰り返し検証されています。偏見是正系の研修が機能しないのは、バイアスは人間の認識の奥深くに根付いている上、バイアスのおかげで情報を円滑に処理できている側面があるからだ、と言われています（逆に言えば、バイアスを取り除くと、人は身の回りにあふれる膨大な情報を処理できなくなり、頭がパンクする筈です）。人は偏見について説明を受けても、その偏見を自覚的に是正しにくいのです。

■目標を公表するのは、あまり得策でない

有能な女性を積極活用するには、「アファーマティブアクション*」を採るのも一つの方策です。たとえば、「25年までに女性管理職を3割にする」という目標を設定し、管理職比率を高めるために、男女で同じような能力の人がいたら、女性を優先して管理職に昇進させるのです。過去に差別を受けてきた人たちにあえて有利な判断をする一時的な措置です。

＊アファーマティブアクションとは、黒人や少数民族、女性などの歴史的、構造的に差別されてきた集団に対し、雇用、教育などにおいて不利な現状を是正しようとする改善措置のこと。「積極的改善措置」と訳される。日本では、特に女性に対する積極的改善措置のことを「ポジティブアクション」と呼ぶ。

ただ、女性管理職比率の目標を公表するのはあまり得策でないかもしれません。女性が昇進したときに「実力がないのに、30％枠があるから出世できた」と周りから思われかねないからです。

女性管理職を増やすように取り組むことで、それまで存在しなかった反動が周りから起こる。現象は、「バックラッシュ」と呼ばれています。ダイバーシティが進むにつれて、少数派を尊重する動きが多数派の反動を呼ぶ可能性も念頭に置いておく必要があるでしょう。

女性管理職の比率はこっそりと増すのが望ましいかもしれません。社員が気付かぬうちに女性管理職を30％まで増やし、社内で「新しい女性部長がすごい実績を上げている」など、自然と実力を認知させるのです。

一説によると、その人の先入観に反する事例を見せることで、ステレオタイプが少し弱まるそうです。たとえば、「女性は家庭に入るのが一番」と考える人には、バリバリと働いている女性の姿を見せる。すると、「こういうケースもあるのか」と考えるようになり、先入観が少し弱まります。

加えて、身近な人の影響も大きい。女性に対する先入観が強い人に娘ができると、女性に対して強く当たらないようになるという報告もあります。また、「女性」「男性」という属性ではなく、「AさんとBさんを比較してください」と個別性を意識させることで、先入観は弱まります。

【バイアス㊱】 自社の強みをベースに、事業方針を立てるべきだ

【コア・コンピタンス】

「コア・コンピタンス」とは、競合他社に対する競争優位性のベースとなる、中核技術や特色を指す。90年代、ゲイリー・ハメルとC・K・プラハラードが概念を発表し、産業界に広まった。両氏の定義によれば「顧客に何らかの利益をもたらす自社能力」「競合相手に真似されにくい自社能力」「複数の商品・市場に推進できる自社能力」の三つがコア・コンピタンスの条件である。

■外部環境の変化から事業方針を立てると、葛藤が生じる

事業の方針を立てる際、「自社の中核となる強み＝コア・コンピタンス」から考えるか、「外部環境の変化」から考えるかは極めて難しい選択です。

「自社の強み」をベースに事業方針を立てれば、社員や関係者の賛同は得られやすいでしょう。また、コア・コンピタンスと自社の組織文化が密接に関連していれば、他社も簡単にビジネスを真似できません。戦略は真似できても、組織文化を真似するのは難しいからです。

たとえば、情報誌を介して企業と個人のニーズをマッチングするというリクルートのビジネスモ

デルは、一見、真似が非常に簡単です。特殊な技術や設備、巨額の初期投資が必要ないからです。しかし実際には、他社はなかなか競合となり得なかった。これは、リクルートが競争力の源泉を「人」に置いていたからです。優秀で自律型の人材を徹底して集めて、彼らをベースに競争優位性を組み立てた。だから、インターネットが普及する以前には、模倣が難しかったのでしょう。

一方、外部環境の変化に応じて事業方針を検討すると、ときに「戦うフィールドを変えること」や「ビジネスモデルを変えること」が求められます。この場合、経営者は組織を現在と違う方向に向ける必要があるため、圧倒的なリーダーシップを発揮しなければなりません。明治維新のとき、西郷隆盛が自ら士族を率いて西南戦争を起こしたのは、（敗北を覚悟した上で）新政府から不平士族を排除して近代化を推し進めるためだったという説があります。組織が戦うフィールドを変えるには、ときにこれまで活躍していた人材を冷遇する必要も出てくるでしょう。

外部と内部、どちらを重視するべきなのでしょうか。

■企業が長期間生き残るには、事業立地を変えることが重要

組織論の領域では、外部環境の変化に方針を合わせる組織文化を「外部志向の文化」、自社の強みから方針を立てる組織文化を「内部志向の文化」と呼び、両者を比較研究しています。

米国の製造業を対象としたある調査によれば、内部志向の文化と外部志向の文化では社員の満足度や業績が変わります。外部志向の文化を持つ企業は、社員満足度は低いものの、市場変化への対応が早く、業績も高い*。一方、内部志向の文化では、社員の満足度を高めるものの、企業の業績

に対してはマイナスの効果が現れるという結果が出ています。

＊業績にプラスの効果があるという結果は、米国だけでなく、日本、インド、ロシアなど、多くの国で認められる傾向である。とりわけロシアは、米国よりも市場変動が大きいこともあり、より外部志向が強く、より柔軟性の高い組織が、高業績につながるという研究結果も出ている。

また経営戦略論においても、「誰に何を売るのか」（学術的には「事業立地」と呼ばれます）が、企業の生き残りを左右すると指摘されています。企業が長期間生き残るには、どこかのタイミングで事業立地を変える、すなわち「転地」することが極めて重要なのです。

ただ外部環境の変化に事業方針を合わせれば、社員の持つ「現状の価値観」が損なわれ、社員満足度は下がる。逆に言うと、社員満足を重視し過ぎれば、外部環境の変化に対応できなくなるのかもしれません。

なお、外部志向の文化のなかにいる経営者は長期的な視野を持ち、内部志向の文化のなかにいる経営者は短期的な視野を持つという研究結果もあります。外部志向の文化では市場変化を重視し、内部志向の文化では社内のオペレーションに重視することを考慮すれば、これは当然の結果なのかもしれません。

■内部と外部のバランスを取れる組織が生き残る

事業の方針は、外部環境の変化に合わせて立てるほうが業績につながることはわかりました。では、組織マネジメントの方針についてはどうでしょう。

通常、日本企業では、社員の満足度や競合他社の人事施策を参考に自社の組織マネジメントの方針が立てられます。しかし、「組織は戦略に従う」ことを考えると、人事施策も外部志向の文化のなかで立てるべきではないでしょうか。つまり、社員満足度や競合他社の施策よりも、自社の置かれている外部環境の変化に基づいて、組織マネジメントの方針を立てるのです。

ただ、外部環境だけを見て人事制度を設計すれば、多くの場合、外部と内部の考え方のズレが露呈し、方針がまとまりません。そのため、残すべきものは残し、捨てるものは捨て、新たに導入すべきものは導入する必要があるでしょう。

経営戦略論において「内部と外部のバランスを取れる組織が生き残る」と指摘されているように、人事施策の立案では外部志向と内部志向のバランスを取ることが求められます。ただ、人事担当者は元来、「内部環境を重視する」マインドを持ちやすい上に、本人も外部をあまり見ていない人が多い。ある意味、人事担当者にも、変化が求められているのかもしれません。

5章 文化に関するバイアス

【バイアス㊲】競争環境に置かれれば、人は自然と努力する

【メンター制度】

メンターとは、支援が必要な人に対して指導や助言をする人のこと。企業におけるメンター制度とは、先輩社員が新入社員や後輩の「業務や精神的なサポートをする仕組み」である。現在多くの日本企業がメンター制度を導入している。メンターから指導や助言を受ける人は「メンティ」と呼ばれる。

■なぜ、競争心を煽る組織マネジメントは機能しなくなっているのか

日本の会社は通常、新卒で入社した社員が何歳までにどのくらいの役職に就くというガイドラインを設定しています。たとえば、何歳頃までに係長になり、課長になり、部長になるというように、会社における職位と年齢とを紐づけた目安です。そして辞令の告知などで、「あなたは昇進が遅れている」「あなたは順調に出世している」ことをそれとなく気付かせる。これにより、社内の出世競争において、自分がどのくらいの順位にいるのかを理解させ、競争心を煽ることで、社員のパフォーマンスを高めようとしているのです（ただし、日本企業における同期間の出世の差異は、欧米企業と比較すると非常に小さいのですが……）。

社員を出世競争させてパフォーマンスを上げるようという試みは、昔から取られてきたアプローチです。たとえば、筆者がリクルートに入社した頃には、多くの会社が「挫折経験のある人を採れ」と言っていました（成熟産業では、いまも言っているようです）。要は、コンプレックスをバネにして、競争に勝って認められたいと考える人材を採ろうとしていたのです。

たしかに、勝ちパターンが決まっている時代であれば、こうした根性のある人材は有効に機能します。リクルートにおける「ＭＶＰを取りたくないのか」「赤いブレザーを着たくないのか」といった声掛けが成立していたわけです。

リクルートは当時も現在も、有能な人材を採用しています。この能力の高い人に広告営業など、非常にシンプルな仕事に熱心に取り組んでもらわなくてはならない。そのため、競争心をモチベーションのリソースとして活用していたのでしょう（ただ優秀な人材は、こうしたシンプルな仕事に一定期

間従事すると、もの足りなくなって辞めていく傾向もありましたが……）。

しかし最近、こうした競争心を煽る組織マネジメントが機能しなくなっているように感じます。勝ちパターンが見えないビジネスが多くなり、成果を上げるには試行錯誤が必要になってきたからです。競争心ベースで働く人は自らの行動を評価に対して効率化しがちで、柔軟性に乏しく、仕事がうまくいかないと、挫折してしまうのです。特に、ミドルシニア層にこうした人が多い気がします。

勝ちパターンが決まっていない世界では、勝ちたいという気持ち自体、邪魔になるのかもしれません。それよりも、その世界に没頭して、夢中になれる人、「課題を解決するにはどうすればいいのか」を純粋に考えられる人が成功している。こうしたタイプは、たとえ失敗しても、競争している意識がなく、うまくいかないことを学習と挑戦のプロセスと捉えるため、ストレスで潰れることが少ないのです。そして、夢中で試行錯誤しているうちに課題解決につなげます。

努力は夢中に勝てないといいますが、夢中になれる人のモチベーションリソースは、挫折経験や承認欲求よりも、知的好奇心や自己成長なのかもしれません。競争心を煽る組織マネジメントは現在、多くの業界において有効ではなくなっています。

■競争という外発的動機付けは、内発的動機付けを阻害する

多くの企業では相対評価が行われていますが、相対評価は（他者から高い評価を得たい、もしくは低い評価を得たくないという態度で課題に取り組む）遂行目標志向を高めることがわかっています。しかし、

前述のように、「学ぶ姿勢と成長度合いを評価する」こと自体を評価制度に組み込むと、今度は評価されることを目的に学習するようになってしまう（【バイアス⑰】参照）。「評価制度と関連付けると、遂行目標志向が高まりやすい」と考えてもいいのかもしれません。

では、遂行目標志向の高い人材が多い会社に、弱肉強食の社内規定や価値観などを導入するとどうなるでしょう。組織文化のベースが競争となり、おそらく遂行目標志向がさらに高まるでしょう。これは、（自分の能力を高めたいという態度で課題に取り組む）熟達目標志向の高い人にとって非常に居心地の悪い環境です。熟達目標志向の人は、「今度はこういうことを知りたい」「この仕事を通じて、こういう体験をしたい」といった「内発的動機付け*」に基づいて行動します。そこに、競争とそれに基づく評価という「外発的動機付け*」が働くと、内発的動機付けは阻害されてしまうのです。

＊内発的動機付けとは、たとえば内面に沸き起こった興味・関心や意欲に動機付けられることであり、それ自体が楽しいから行うといった動機を指す。一方、外発的動機付けとは、懲罰や強制、評価、報酬などの外部要因によって動機付けられることであり、周囲からの評価（報酬もしくは罰）のために行うといった動機を指す。

達成欲求や失敗恐怖も目標志向性に影響を与えます。達成欲求は、物事をやり抜きたいと考えるモチベーション。達成欲求が高いと熟達目標志向が高く、遂行接近目標志向も高いことがわかっています。一方、失敗恐怖が高いと、遂行接近目標志向と遂行回避目標志向の両方が高まります。失敗恐怖とは自分が何かに失敗する可能性に対して恐れを抱く状態です。過剰な競争によって失敗恐怖を感じれば、遂行目標志向が高まるわけです。

以上のように、過度な競争による弊害は大きい。たしかに、遂行接近目標志向が高まれば、一部の社員は頑張るかもしれません。ただ、遂行回避目標志向が高い人は、強い競争環境のなかにいると、重要なプレゼンの前夜に飲みに行くなど、自らにハンディを課すような行動を取る。（このような行動はセルフ・ハンディキャッピングと呼ばれています）。セルフ・ハンディキャッピングは、会社に損失を与える可能性さえあります。勝ちパターンが見えないビジネスを成功させられる人は、居心地が悪くなって退職し、会社に被害を与えかねない人ばかりが残る可能性があるのです。

■直接の利害関係がない人との関係作りが、やる気の鍵となる

いわゆるブラックと言われる企業のなかには、衆人の前で叱るなど、失敗恐怖によって遂行目標志向を高めているところもあります（「ブラック＝悪」という言葉は差別・偏見を生じさせがちですが、ここではわかりやすさのためあえて使っています）。

ただし、失敗恐怖によって遂行接近目標志向を高め、うまくパフォーマンスを発揮する人もいる一方で、遂行回避目標志向が高まって問題解決行動を取れなくなる人もいます。しかも、遂行回避目標志向が高まった人を救い出すのは至難の業です。失敗恐怖をベースにするマネジメントは中長期的に見るとうまくいかないでしょう。

では、熟達目標志向を高めるには、どのような手法が望ましいのでしょうか。それには、直接の利害関係がない人との関係作りが鍵となります。たとえば、メンター制度を活用した育成です。

ただし、メンターの選定には注意が必要です。多くの企業は優秀なプレーヤーがメンターにふさ

わしいと思いがちですが、このような選定は逆効果を生むリスクもあります。「自分とは違う人種」と感じてしまい、学習意欲が高まらないからです。

メンターには、自らが楽しんで仕事をしている人を選ぶといいでしょう。仕事上では接点はないものの、「あんなふうに自分も働きたい」と思える人です。こうした人は、新人や後輩の仕事への前向きな取り組み、ひいては成長欲求や学習欲求を引き出してくれます。さらに言えば、最初の配属の際には、熟達目標志向の高い上司の下に配属すると、新入社員の成長につながりやすいと思われます。

【バイアス㊳】 若手が組織に馴染むには、メンター制度が有効だ

【プロアクティブ行動】

プロアクティブ行動とは、個人が自身や環境に影響を及ぼそうと働きかける先見的な行動のこと。直訳すると「先取的行動」。プロアクティブ行動には、以下の三つが含まれる。第一に「周囲の環境を変えようとする行動」。たとえば仕事のやり方を工夫したり、上司と交渉したりといった行動である。第二には「上司や同僚に対してフィードバックを求める行動」。第三には「社内外の人に対して主体的に関係性を構築しようとする行動」がある。

■メンター制度を機能させるには、何が必要か

若手育成の1手段として知られるメンター制度は、現在、様々な企業に導入されています。メンター制度では通常、「業務上、直接の利害関係を持たない先輩＝メンター」と「入社年数が浅い若手社員＝メンティー」が1対1で対話します。しかし、この対話がうまく成立しない組み合わせも多い。「週1回、15～30分ほど2人でミーティングする」と決めても、「漫然とした近況報告だけで、突っ込んだ相談がない」とこぼすメンターも少なくありません。

一方で、メンター制度がうまく機能している組み合わせもある。この違いを生んでいるのが、若

手社員が自らの環境に働きかける「プロアクティブ行動」です。たとえば、あるＩＴベンチャーでは、１００人規模で採用した新卒社員一人ひとりに先輩社員がメンターとして付き、週に1回30分ほどミーティングしています。この会社ではメンター制度を機能させるため、メンターに対してひと月に３０００円程度の夕食代を補助していますが、この制度の利用法も新人の態度で大きく変わります。「ご飯を食べながら、腹を割って話をしたい」という新人もいれば、「サッと食べて解散しましょう」という新人もいる。つまり、メンティーの姿勢によって、メンター制度が機能するかが変わってくるのです。

プロアクティブ行動を取り、先輩や周囲に働きかける若手社員は組織に馴染みやすく、仕事にも積極的です。言われたことを単にやるだけでなく、自ら提案するようになる。この違いは、数年後に大きな差を生むでしょう。逆に言えば、組織に求められる役割、知識、価値観などを理解し、パフォーマンスを発揮する上で、プロアクティブ行動は極めて重要なのです。

なお、プロアクティブに近い概念で、人事の世界でよく使われているのが「主体性」という言葉です。主体性の意味は人によって解釈が異なりますが、多くの場合、「環境に自分から適応していく」という意味の「積極性」や「決められたことに合わせて素直に行動できる」という意味の「適応力」の二つを兼ね備えていることを指します。その意味で、組織の一員として行動し、主体的に組織に同調するプロアクティブ行動が取れる人は、「会社が求める主体性」を持っているのかもしれません。

■「組織の一員である前に個人である」と捉えた上で、組織社会化を促す

個人が組織内のルールに適応し、自分の役割を引き受ける「組織社会化*」。そして、それを組織側から促す働きかけである「（組織）社会化戦術*」についての研究がこれまで学術界で進められてきました。

*組織社会化は、文化的社会化（組織や職場の規範を受け入れる）、技能的社会化（職務遂行のための技能を習得する）、役割的社会化（自分の役割を理解して担う）に分けられる。この三つの社会化を促す、組織から新人への働きかけが（組織）社会化戦術である。

特に注目すべき学術研究は、社会化戦術とプロアクティブ行動の比較です。研究によれば、組織側からの施策である社会化戦術の有効なケースと、個人側からの働きかけであるプロアクティブ行動の有効なケースがあります。つまり、組織社会化では、組織からの働きかけだけでなく、個人から組織や周囲に対する働きかけも重要になるのです。

また近年、組織社会化の概念自体が問い直されています。組織社会化には従来、「個人が組織の型にはまる」というイメージが強かった。「組織において、個人はあくまで受動的な存在」という先入観があったのです。ところが近年は、「個人はそれぞれ、色々な行動を取る」ことを前提として、組織社会化を捉えるようになっています。「組織の一員である前に個人である」と捉えた上で、組織社会化を促すのが有効なのです。

プロアクティブ行動は、こうした流れのなかで注目されるようになった考え方です。プロアクティ

ブ行動はまた、「組織側から与えられるのを待つだけではなく、自ら働きかけたほうが、様々な情報が得られる」意味でも注目されています。能動的に動くほど、より多くの情報が得られ、その過程で自分を取り巻く環境について深く理解できる。その結果、組織社会化が加速して、適応が進むというプラスの効果が働くわけです。これは、個人がプロアクティブ行動を取ることで組織から適切な社会化戦術が引き出されると言えるかもしれません。

では、プロアクティブ行動を促す要因は何でしょうか。いくつかの研究で得られた結論は、「環境からの圧迫に屈しにくく、粘り強く環境に働きかける性格を持つ人がプロアクティブ行動を取る」というものです。つまり、プロアクティブ行動には性格の影響が認められるのです。

なお、自ら積極的に環境に働きかけるプロアクティブ行動のうち、「援助要請＝周囲に助けを求める行動」については、「課題に対する態度」の影響が強いようです。課題に対する態度は、自分を成長させたい「熟達目標志向」と、自分が高く評価されたい（低く評価されたくない）「遂行目標志向」に分けられます。熟達目標志向の高い人は積極的に援助を求める一方、遂行目標志向の高い人は、「援助を求めると自分の能力が低いと周囲に思われる」と考えて、あまり援助を求めないという結果が検証されています。

このように、プロアクティブ行動には、個人の性格や目標志向性が影響しているのです。

■プロアクティブ行動を取りやすい環境を整備すれば組織に馴染む

日本の会社では、とかく社員に職場の空気を読むこと、周りと同じ行動を取ることを求めがちです。そのため新入社員は「プロアクティブ行動を取っていいのか」がわからなければ、「黙って雰囲気を見つつ周りと同調」しようとします。

これは、新人の組織社会化にとってマイナスです。「積極的に周囲に働きかけてください」と声がけするなどにより、新入社員の心のハードルを取り除きつつ、管理職などにもプロアクティブ行動の意義を共有しましょう。多くのプロアクティブ行動を引き出せば、新入社員は組織に早く適応できるようになります。

中途採用の社員に対しても同様です。実際、ある会社において、中途研修を実施して、プロアクティブ行動を取るように推奨すると同時に、上司に対して「中途採用の社員に対してプロアクティブ行動を取るように指導してください」と伝えたところ、これまで定着しなかった中途採用者の離職率が下がったそうです。

プロアクティブ行動の効果を踏まえると、「プロアクティブ行動が取れる人材」を求めることも、有効な人事施策なのかもしれません。たとえば採用面接の評価項目に、「プロアクティブな性格を持っていること」を加えるのです。

【バイアス㊴】離職を減らすには、ピザパーティーが効果的だ

> **【JD-Rモデル（Job demands-resources model)】**
> 仕事の要求度が高いと、働く個人のストレス反応は増し、バーンアウトが起こりやすくなる。それに対して、個人の利用できる資源が多いほどストレスは減少し、ワークエンゲージメントは高まる。この関係を表したのが「JD-Rモデル」である。日本語では「仕事の要求度-資源モデル」と呼ばれる。

■組織の一体感醸成は離職を減らすのに有効か

「社員の離職を減らし、パフォーマンスを上げるには、組織への愛着や一体感を醸成するのが効果的だ」とする考え方があります。職場の人間関係を良好にして仲間意識や同僚との絆が強まれば、会社を辞めたいと思うことが減り、チームワークが高まって成果も上がる。

古き良き「飲み会文化」と通じる、こうした考え方にも一定の合理性があります（実際に、組織への愛着や一体感は離職意思を抑制するという研究もあります）。最近ではIT系企業を中心に、社員を集めてピザパーティーなどの社内イベントを開くのが流行っています。仕事の後、食堂やフリースペースなどに集まり、ピザをつまみながらビールやジュースを飲み、歓談するのです。

ところが20代の頃に立ち上げたＩＴ系企業も、活動を継続するなかで平均年齢が上がり、社員が家族を持つようになる。にもかかわらずピザパーティが続けられていて、社員から「本当は面倒くさい」と思われているケースも少なくありません。

もちろん、ピザパーティーで社員同士が親しくなり、仕事で助け合う関係が構築できれば、プラスの効果もあるでしょう。ただ、そうした場を好まない人、様々な事情でそうした場に参加しにくい人も確実にいます。それならば、いっそのこと、仕事に楽しく打ち込める環境を作ることに注力したほうが離職率低下やパフォーマンス向上に良い影響を及ぼす可能性が高そうです。

そもそも現在、若手社員のなかには「みんなで会社のために働こう」という呼びかけにはあまり反応しない人が増えています。個人と会社の距離を近づけるという考え方だけで、社員を引っ張っていくのは、社会の現状とそぐわなくなっているのではないでしょうか。

■ワークエンゲージメントを高める要因は「ＪＤ－Ｒモデル」からわかる

「仕事の要求度」が高いと、働く個人のストレス反応は増し、バーンアウトが起こりやすくなる。それに対して、「仕事の資源」が多いほどストレスは減少し、ワークエンゲージメントは高まる。

このように、仕事の要求度と資源、そしてワークエンゲージメントとストレス反応の関係を表したものが「ＪＤ－Ｒモデル」です。ＪＤ－Ｒモデルは妥当性が検証されているため、人事施策を考えるにあたっての参考になります。

「仕事の要求度」の構成要素は、仕事量、時間、集中度、緊張などです。これが高いとストレス

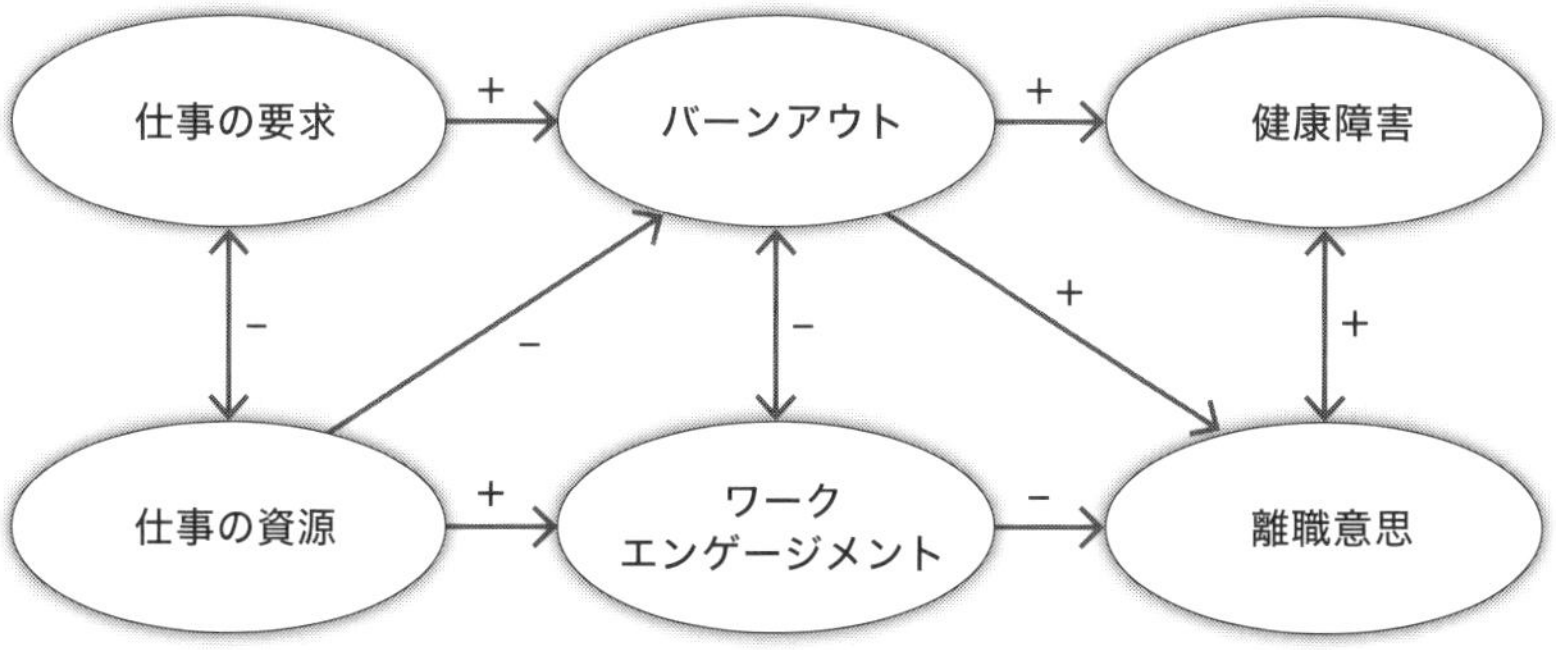

図｜ＪＤ－Ｒモデル

反応が強くなり、バーンアウトに陥る。メンタルを壊したり、離職したりするわけです。

もう一方の「仕事の資源」は、働く人が入手できるリソースを表します。具体的には、「仕事の意義や裁量権」「上司や同僚の支援など人間関係」「経営陣との意思疎通など組織のあり方」などが含まれます。これらの資源が十分であれば、ストレス反応が弱まり、ワークエンゲージメントが高まります（JD-Rモデルにおける仕事の資源は、経営実務でいうヒト・モノ・カネといった意味での資源とは意味が異なる点に注意が必要です）。

他にも、ワークエンゲージメントの影響要因として「周囲からの支援」「上司のマネジメント」「仕事の特性」「組織からの支援」もあげられています。

これらが十分に提供されていればワークエンゲージメントが高まります。一つひとつの要因は一見当たり前のことのように見えますが、それを高い水準で実現するのは難しい。小手先の人事施策よりも、実現が難しいからこそ、パフォーマンスにつながるのかもしれません。

■会社、職場、個々人の差異に応じて、人事施策やサポートを変えることが有効

これらの知見を実務に活かす上では、「ワークエンゲージメントを高める要因の充実度は、個人の主観で判断される」ことに注意しましょう。たとえば、上司や同僚が同じ行動を取っても、人によって捉え方が変わる可能性があります。本当に有効な施策やサポートを実施するには、その人がどのように感じるかを理解する必要があるのです。

ある上司が業務の進め方を手取り足取り、丁寧に指導していたとします。それに対して、Aさんは「サポートが手厚くて丁寧」と感じる一方、Bさんは「放っておいてほしい」と感じる。すると、

周囲からの支援
同僚のサポートがある
職場のサポートがある
同僚との交流がある
周囲からポジティブに接してもらう
上司のマネジメント
上司のサポートがある
コーチング的な接し方を受ける
成長機会をもらえる
仕事の特性
仕事の自律性が高い
成果のフィードバックがある
仕事が自分でコントロールできる
仕事で多様なスキルを用いる
組織からの支援
組織のサポートがある
評価などに公平感を覚える

図｜ワークエンゲージメントを高める要因

「上司のサポートが十分」と感じるAさんのワークエンゲージメントは高まり、「上司の介入が鬱陶しい」と感じるBさんのワークエンゲージメントは低くなります。

では、どうすればいいのでしょう。

ワークエンゲージメントを高めるには、個々人の差異に応じて、人事施策やサポートを変えていくことが重要になります。ふだんから周囲と会話を交わして、個々人の価値観や志向性を押さえ、その上で適切な仕事や支援することが求められるということです。たとえば福利厚生であれば、昔ながらの体質が残る営業部門は社内運動会や職場旅行を開く、エンジニア中心の開発部門はみんなでテレビゲームを楽しむ、人事部門はクラシック音楽を聴きながらワイングラスを傾ける、といった具合です。上司も当然、個々人の差異に応じてどのようにサポートするかを変えることが求められるでしょう。

人事の世界には施策や制度に流行があり、流行に流される形で新しい施策や制度を導入する企業も少なくありません（人事は施策と成果の結び付きがわかりにくいため、他社を模倣する戦略が合理的であると指摘する研究もあるほどです）。しかし、どの会社、職場、人に対しても有効な制度、施策、サポートなど存在しません。重要なのは、ワークエンゲージメントの影響要因と、個々の組織や個人の特性をきちんと理解した上で、それぞれに合った施策やサポートを提供することなのです。

【バイアス㊵】働き方改革は、社員のやる気を引き出す

【セレクティブ・リテンション】

セレクティブ・リテンションとは、組織が定着を促すべき人材を戦略的に検討することを指し、「選択的定着」とも呼ばれる。離職が組織に与えるインパクトは、辞める人材によって変わる。組織マネジメントでは、離職させたくない人材をきちんと把握し、定着支援を図ることが重要になる。

■「長時間労働の是正」の導入に弊害はないのか

現在、政府が旗を振り、様々な企業、組織において働き方改革が進められています。働き方改革の柱は、「長時間労働の是正」「正規・非正規の不合理な処遇差の解消」、「多様な働き方の実現」の三つ。その目的は、働く人それぞれが個々の事情に応じた多様な働き方を自分で選択できるようにすることです。

組織によって、どの取り組みに重点を置くか、どこまでやるか、どのようにやるかは様々でしょう。ただ、このうち「長時間労働の是正」は注意して実施する必要があります。その取り組みには、良い効果もあれば、弊害もあり得るからです。

現在の施策では、会社は原則、週40時間以上、従業員を越えて働かせてはいけません。その管理責任を負っています。しかも副業ＯＫの会社では、副業の時間も残業時間に加算し、長時間労働にならないように注意しなければならない。ある意味、会社員は「副業するな」と言っているに等しい仕組みになっています。

こうした施策の背景にあるのは、「ワーカホリック＊状態の人を出さないためのセーフティ—ネット」という発想です。しかしこの制度は、ワークエンゲージメントの高い人材も対象となる。つまり、「やりたいからやっている人」の労働時間まで制限されてしまうのです。

このように労働時間を一律に減らすことにはマイナスの側面があると思います。個人や組織、ひいては国の競争力が衰える可能性さえあるのではないでしょうか。

＊ワーカホリックとは、仕事に打ち込むあまり、家庭や自身の健康などを犠牲とするような状態を指す。ワークエンゲージメントは、自己認知として「私は働きたい（Ｉ　ｗａｎｔ　ｔｏ　ｗｏｒｋ）」状態であるのに対し、ワーカホリックは「私は働かなくてはならない（Ｉ　ｈａｖｅ　ｔｏ　ｗｏｒｋ）」であることが特徴的。

■ワークエンゲージメントとワーカホリックは別もの

オランダ国内の労働者を対象とした調査によれば、ワークエンゲージメントと残業時間の間には正の相関があります。つまり、残業時間が長いほどワークエンゲージメントが高い傾向があるわけです。とはいえ、ここで注意をしなければならないのは、活力・熱意・没頭して残業している状態（ワークエンゲージメント）と、残業を余儀なくされている状態（ワーカホリック）は、働いている当人の心理状態や生活満足度などが異なる点です。

ワーカホリックな人は仕事が辛いにもかかわらず、外部からの圧力による不安や焦りから取り組んでいる一方、エンゲージメントが高い人は仕事が楽しく、喜びを感じています。生活満足度もワーカホリックな人は低い一方、ワークエンゲージメントの高い人は高くなる。仕事に向かっている様子は同じに見えても、心理状態はまったく違います。

働き方改革で一律に残業時間を抑制すると、ワーカホリックに残業を余儀なくされる状態は減らせるかもしれませんが、同時に、ワークエンゲージメントが高く仕事に没頭している状態もまた減ってしまいます。企業にとっても個人にとっても前者は良いことですが、後者は良いこととは言えません。

働き方改革自体の意義を疑っているわけではありませんが、そのためにワークエンゲージメントまで下げてしまうのは問題です。残業規制が適用されない高度プロフェッショナル制度の運用も始まっていますが、適用されたのは全国でも数人レベル。ワークエンゲージメントとワーカホリズムも一律に残業規制を適用するのが、働き方改革の問題点ではないでしょうか。

■トップパフォーマーのやる気が下がる可能性がある

労働時間を気にせず働きたいのであれば、労働者でなく、経営者になるという選択肢が考えられます。しかし、ワークエンゲージメントが高い優秀な社員が全員、経営者向きではなく、経営者になりたいわけでもありません。

では、経営者や人事はどのように組織をマネジメントするとよいのでしょう。

重要なのは、各人が会社にもたらす〝貢献度の違い〟を冷静に把握することです。場合によっては少しドライに聞こえるかもしれませんが、組織マネジメントでは、「定着を促す人材を戦略的に検討すること＝セレクティブ・リテンション」の考え方も必要です。離職が組織に与えるインパクトは、辞める人材によって変わるからです。

組織マネジメント上、避けなければならないのは、現在と未来のトップパフォーマーたちのワークエンゲージメント低下です。そのため、彼らには取り組むに値する質の高い仕事、すなわち難易度が高く、成長が望める、権限が与えられている仕事などにアサインすると同時に、経営者、上司、同僚からの支援が得られる環境を提供しましょう。

もう一つは、自社で労働時間を管理する必要のない外部のスペシャリスト人材をプロジェクトに入れて一緒に働くことです。自社で一定のキャリアを積んだ後、プロフェッショナルとして独立した人材も有力な候補です。離職後も、これまで関わっていた仕事を業務委託することで、周囲のスタッフにも良い影響を与えます。彼らの高度なスキルや知識を活かせば、組織のパフォーマンス向上が望めるでしょう。

【バイアス㊶】　ある種のパワハラも、時には有効である

【援助要請】
「援助要請」とは、問題解決のために他者に援助を求める自発的行動を指す。援助要請は、援助を求める援助要請者と援助を提供する援助者の両者の存在によってはじめて成り立つ。近年、多くの企業では、本来援助が必要な人が心の不調や心理的プレッシャー、組織の構造上の問題などによって、正しいタイミングで援助を求められず、問題視されている。

■なぜ、パワハラぎみの上司が職場で生き残っているのか

昨今、パワハラやセクハラといった職場におけるハラスメントが問題視されています。ただ一方で、一部の経営者や管理職には、「プレッシャーをかけることで、行動に移す人もいる。ある種のパワハラも時に有効である」という信仰も根強く残っています。だからこそ、多少パワハラぎみの上司が職場で生き残っているのでしょう。

実際、（パワハラではありませんが）プレッシャーをかけるアプローチは、一部の企業では効果を上げているようにも見えます。

たとえば、楽天では、社員にＴＯＥＩＣ８００点取得を義務付け、「８００点以上取れなければ

待遇を変える」という方針を発表しました。既存社員については、会社が英語習得プログラムを提供する一方、職級に応じて基準点を設け、それに満たなければ降格や減給になる。対象は既存社員だけではありません。新卒採用者は、期間内にＴＯＥＩＣ８００点取れなければ、内定取り消し。中途採用者も、ＴＯＥＩＣ８００点を超えていなければ、まずは契約社員として採用、８００点の基準を満たしたところでようやく正社員になれる仕組みにしたのです。

すると、10年時点で５２６点だった社員の平均点が、18年には８３０点にまで上昇しました。プレッシャーをかけることで、達成が難しい目標を社員にクリアさせたのです。

またある一部上場の不動産会社では、新卒社員に宅建の取得を推奨しています。宅建は取得難易度が高い資格ですが、同社の新卒社員の宅建取得率はほぼ１００％。他の不動産会社における内定者の宅建取得率が30〜50％程度という数字と比較すると、圧倒的な成果を上げています。

なぜ、同社では内定者の宅建取得率が突出して高いのか。それは内定時に「入社までに宅建を取らないと問題視される」ことを暗に伝えているからです。内定者は「入社早々、問題社員になりたくない」と焦り、必死になって宅建取得に取り組むのです。

これらの例を見てもわかるように、社員に「目標を達成しないと待遇が悪くなる」「要求レベルに達していないと問題社員とみなされる」という危機感を抱かせると、それが大きなプレッシャーとなり、目標達成に向けて真剣に取り組むようになります。

ただ、目標が短期的で明確な場合はともかく、長期に渡ってこうしたプレッシャーをかけ続けると弊害も生まれます。社員に「会社からの圧力でやらされた」感が残り、学習や成長に対する内発的動機付けが阻害されるからです。実際、先の不動産会社では、以前は退職率が25％と極めて高く、厳しいプレッシャーのなかでバーンアウトして辞めていく社員が後を絶ちませんでした。

特にマズイのが、朝の朝礼などで目標達成度合いを報告するなどの儀式です。目標を達成できなかった人は、その場で非難され、衆人環視のなかで恥をかかされる。こうした環境に置かれると、目標達成できた人も、できなかった人も、「他人にどう思われるか」を気にして、自らの意志で学習しよう、成長しようという意識が失われます。当然、仕事に対して自ら意欲的に取り組む姿勢も持てません。

■遂行目標志向が高まれば、長期的には様々な弊害が生じる

「達成目標理論」によれば、目標達成に向けてプレッシャーをかけると、対象者の「遂行目標志向」が高まることがわかっています。特に、（低い評価を受けたくないという態度で課題に取り組む）遂行回避目標志向*が高まれば、ネガティブな感情や不安、抑うつ感が高まり、モチベーションが低下し、パフォーマンスが下がります。長期的には、社員の可能性をつぶしてしまいます。

組織レベルで遂行回避目標志向が高まると、「わからないので教えてほしい」「現状がつらいので、何とかしてほしい」といった悩みを周りに打ち明けて助けを求める行為も阻害されます。何か問題があっても、社員は波風を立てず、目を付けられないようにと、周囲に打ち明けないで済ませようとするのです。

遂行回避目標が高い社員は、悪い評価を受けることを避けようとします。助けを求めることで「コ

イツは能力がない」と評価されてしまうことを恐れる。さらに言えば、周囲と比べて能力が低く、ミスを繰り返しがちな人ほど、ミスを隠そうとして、援助要請を回避する。いつまでも能力が身に付かないまま、問題はさらに悪化するという悪循環に陥ります。

大きなプレッシャーをかけることで遂行接近目標志向が高まれば、一時的にパフォーマンスを上げることも可能かもしれません。しかし、長期的には様々な弊害が生じるのです。

■気兼ねなく援助要請できる雰囲気を社内に醸成する

過度なプレッシャーをかけ続けるマネジメントは、長期的にはビジネスにネガティブな効果を生み出すことが学術的に明らかになっています。自発的に課題を解決する社員、チャレンジする社員が減り、しかも援助要請しない社員が大きな問題を引き起こす可能性もあるでしょう。

とはいえ、組織の遂行回避目標志向が高まってしまったら、どのような手を打てばいいのでしょう。恥ずかしながら筆者が経営する会社でも以前、社員の遂行回避目標傾向が強くなり、どんどん人が辞める悪循環に陥ったことがあります。そのとき筆者は、採用段階で遂行回避志向の高い人を避け、努めて熟達目標傾向の高い人材を採るようにしました。加えて、気軽に援助要請できるような空気を社内に醸成するよう努めたのです。

具体的には、自ら「これ、わからないから教えてくれる？」と部下に尋ねました。どんなに初歩的なこと、どんなに些細なことであっても、わからなければ質問する。こうした態度を自ら実践することで、部下も「ここでは助けを求めてもいいんだ」と思うようになり、助けを求めやすい組織が形成されたのです。

現在では「無駄と思えるようなことにも学びはある」「疑問はわからないままにせず、何でも尋ねる」といった姿勢を確認し合う組織文化が社内に生まれています。このように、ふだんから気兼ねなく援助要請できる雰囲気を社内に醸成しておくことが重要なのです。

なお、遂行目標傾向が強くなりがちな業務も存在します。RPO*のように、依頼された業務を忠実に代行する業務、誰かがつくったシステムをそのまま実行する業務には、プラスの評価が生まれにくいため、担当者はどうしても遂行目標志向が高まりがちです。

＊RPOとは、企業の採用活動の一部を外部業者へ依頼すること。発注元の企業に替わって、候補者への選考連絡などを行う。

このような業務については、遂行目標志向の高い人が増え、熟達目標志向の高い人は減りやすいことをきちんと理解した上で、遂行回避目標ではなく遂行接近目標に転化させていくようなアプローチを採りましょう。具体的には、能力開発計画を立て、上方比較させ、絶えず上を目指すようにフィードバックすることで、遂行接近目標志向を高められます。

【バイアス㊷】属人風土は、排除するべきだ

【属人風土】

「属人風土」とは、物事の判断をするときに、事柄の良し悪しではなく、「誰の意見なのか」「誰が賛成して、誰が反対しているか」などを重要視した判断が行われる組織風土のこと。昨今、組織において業務上の違反が行われた際、属人風土によって正しい判断が下されなかったとみなされることが多い。「属人思考の風土」とも呼ばれる。

■属人風土は企業にとって、プラスなのか、マイナスなのか

客観的な情報・判断よりも特定人物の情報・判断を重視しがちな組織文化、すなわち「属人風土」については、多くの人事担当者からその是非を聞かれます。

属人風土の会社は珍しくありません。リクルートでも「誰が言ったのか」によってしばしば周囲の反応は変わっていましたし、多くの会社で「ウチは属人的な判断が多い」といった声を耳にします。

すべての事柄を事実と論理に基づいて客観的に判断できれば、属人風土は不要でしょう。しかし、現実のビジネスでは不確実な要素が多く、必要な情報をすべて入手できない状況下で判断を求めら

れます。

そのため属人風土は、食品や飲料のメーカー、出版社や広告代理店など、企画者のセンスや勘が重視されるビジネスにおいて顕著です。こうした業界では、〝カリスマ編集者〟の企画はほぼノーチェックで通る一方、実績のない新人編集者の企画は落とされます。

属人風土は企業にとって、プラスなのでしょうか、それともマイナスなのでしょうか。

実はこれ、簡単には決められない問題です。属人風土のメリットは、「あの人が言うのであれば、ちょっとやってみよう」という雰囲気になるため、準備や検証に時間を取られず、スピード感を持って対応できることです。反面、「あまり深く考えず、まずは一度進めてみよう」という見切り発車で物事が進み、大失敗や不祥事につながることもある。

日本には「属人化＝悪」という風潮が根強く存在します。これはもしかすると、「一部のエリートが国を引っ張ったことで、第二次世界大戦での敗戦につながった」という認識が日本人にあるからかもしれません。

第二次世界大戦前の日本ではエリート主義が国の統治（政治や行政）においては当たり前に受け入れられていました。その結果、エリート層である軍のトップが暴走し、無謀な戦いを続け、多くの人々が苦しんだ末に、敗戦を迎えたという見る人も少なくない。その反動から、日本ではエリート主義が鳴りを潜め、民主化が進み、属人風土が嫌われるようになったのかもしれません。

会社においても、一部の経営幹部候補が主導して組織を動かそうとしても、なかなかうまくいきません。

■違反や不祥事が増える一方で、業績にはプラスの効果がある

組織文化の研究によれば、まず属人性が低い組織文化では、相互に配慮したり、サポートし合ったりする文化が生まれやすいことが明らかになっています。対して「誰がやったか」「誰が言ったか」という人に関する情報を重視する組織文化では、組織的な違反や不祥事を容認する傾向が高く、また不祥事や違反の件数も多くなりがちです。

では、属人性の高さは成果につながるのでしょうか。

組織文化の研究ではありませんが、イノベーションの研究において「イノベーションを起こす人は、イノベーターのネットワーク内にいることが多い」と指摘されています。「Googleマフィア*」や「Twitterマフィア*」と呼ばれる、シリコンバレー界隈の起業家や投資家たちの強力なネットワークが研究された結果、「スゴイ人たちのネットワークに所属している人は成功する可能性が高い」ことがわかったのです。

＊IT企業やスタートアップの聖地である米国シリコンバレーでは、特定の組織に留まることなく、起業家、投資家と立場を変えながら、次々と新たなプロダクトやサービス、事業や企業を創り出していく人材のことを、その出身組織の名をとって○○マフィアと呼んでいる。

これは、「こうしたネットワークに所属する人の意見やアイディアは尊重され、新しい事業の資金調達や提携などにおいて有利である」という意味で、属人性が重んじられたネットワークだと言えないでしょうか。

「何もないところから努力を重ね、真剣に頑張った末、成功する」というアメリカンドリームの思想が根強い米国においても、「誰がやったか」「誰が言ったか」は重視されるのです。

■信頼できる人に任せるのは、必ずしも「えこひいき」ではない

日本人に嫌われがちな属人風土ですが、筆者自身は「あまりマイナスに捉えないほうがよい」と感じています。

事業活動で何らかの決断を迫られる際、判断基準が曖昧で、事前に客観的で厳密な分析をできないことは珍しくありません。そうした場面では深く考えてもムダなので、「あなたが良いと思うなら、やってみなさい」と背中を押せる組織文化は事業にプラスに働くと思うからです。

サイバーエージェント社長の藤田晋は、「プロジェクトを進めるかは、企画の中身ではなく、社員が本気でコミットしているかで決める」と発言していますが、こうしたマネジメントスタイルを採る経営者は決して少なくありません。投資の神様と言われるウォーレン・バフェットも、『信頼』に投資するほうが、明らかにスピードが早い」という言葉を残していますし、ソフトバンクの孫正義氏のように、たった1枚の企画書と人物を見て、出資するかを決める投資家もいます。信頼できる人に任せるということは、必ずしも「えこひいき」ではないのでしょう。

ただ、属人風土を認めるとしても、可能な限り、並行して事実や論理に基づいて判断しましょう。また、「なぜその人がやるのか」を周りの人間が受け入れられるように、社内に向けて繰り返し説明する必要もあるでしょう。余計な軋轢を生まずに、属人化をうまく社内で活用するためです。

【バイアス㊸】組織の構造を変えれば、組織文化が変わる

【組織論】

組織論とは、組織内の個人や集団の行動、あるいは組織全体としての行動を研究する学問領域である。組織論では主に、個人や集団に主に注目する研究と、組織体の構造や制度に関する研究が行われており、前者はミクロ組織論、後者はマクロ組織論と呼ばれることもある。

■組織文化を変えるには、組織の構造を変えればいいのか

収益性の向上や売上・シェア拡大、事業開発や顧客満足度向上といった自社の経営課題を解決するために組織を変えようと考えたとき、経営者が着手するのは「組織の構造」です。

機能別組織を事業部制組織やカンパニー制に変更したり、事業部制組織をマトリックス型組織に変更したりなど、規模の大きなメーカーなどは、その時々の経営課題に応じて組織構造を変えます。これにより、社員の行動原理や思考様式を変え、経営課題の解決につなげたいからです。その背景には、組織の構造に手を加えることで、社員の考え方、ひいては組織の文化も変えようという考えがあるのでしょう。

リクルートのある部署では、「好景気でマーケットが伸びているときには商品別に組織を編成し、

不景気でマーケットが停滞しているときには顧客ごとに組織を編成するといい」とまことしやかに言われていました。要は、好景気のときには提案営業よりもその商品を望む顧客の開拓を優先し、不景気のときには顧客開拓よりも顧客ニーズに応じた様々な商品の提案営業を優先するように社員を仕向けるわけです。

このように経営者は、「組織構造を変えることで、社員の考え方が変わり、組織文化が変わる」と信じています。そのため、経営者や人事担当者は、かなりの労力をかけて、自社に最適な組織構造を模索し、その構築に時間を割いています。逆に言えば、組織の構造には、経営者や人事の強いこだわりが込められているのです。

■組織文化の形成に強い影響を与えるのは「環境」である

では、組織の構造を変えることで、本当に組織文化が変わるのでしょうか。

学術研究によれば、組織の構造が組織文化に与える影響は少ないことがわかってきました。たとえば、ヒエラルキー型組織をフラット型組織に変えたところで、組織文化は簡単には変化しません。経営者が「ウチは官僚的なので、革新的な文化に変えたい」などと考え、組織の構造をフラットに変えても、フラットな組織に旧来の指揮命令系統やレポートラインが残り、社員は官僚的な価値基準に基づいて行動するのです。逆に、元々フラットな組織文化の会社が、官僚制度的な考え方を根付かせようとヒエラルキー型組織に変更したところで、結局、指揮系統などをすっ飛ばして情報が伝達されます（このように、組織の構造を変えたところで組織文化が残ることは、組織論で「慣性」と呼ばれます）。

集団に関する研究によれば、集団の「文化」はインフォーマルネットワークのなかから生じます。インフォーマルネットワークにおける対人関係で、文化が育まれるわけです。そのため、「組織の公式な箱＝組織の構造」の形状や大きさを変えてもすぐに大きな影響はないのです。

むしろ、組織文化の形成に強い影響を与えるのは「環境」であると言われています。組織の構造よりも、その組織がどのような外部環境に置かれているかが、組織文化を決めるわけです。逆に言えば、組織文化は外部環境に適応するために変わります。

一橋大学名誉教授の伊丹敬之は、「組織の構造は、統治のやり方よりも、外的環境に適応できるかが大事である」と指摘し、組織の構造を変えたがる経営者を「プロセス下手の構造好き」と言っています。しかし残念ながらそうした考え方はあまり浸透していないようです。

■人員の「配置」によって、組織文化は変わる

人事担当者もまた、「組織の構造をどのように変えるか」に強い関心を持つ人が多いようです。「フラット型組織*」「ティール組織*」「ホラクラシー*」など、組織構造に関する新しい概念が登場すると関連書籍を読み漁り、「自社に取り入れられないか」を検討しています。組織構造の変更に多大なパワーと時間を使っている人も少なくないでしょう。

＊フラット型組織とは、部、課、係など組織を構成する階層数を少なくした「平らな」組織のこと。ティール組織とは、指示系統や階層、予算などが存在せず、組織の目的を実現するためにメンバーそれぞれが意思決定に関する権限や責任をもつ組織。ティールは組織を一つの「生命体」と捉えている。そして、ホラクラシーとは、

社内に役職や階級のないフラットな組織形態のこと。意思決定権は組織内で分散される。

しかし、組織文化は組織の構造を変えただけでは変化しません。組織文化を変えたければ、どうすればいいのでしょう。

組織の構造は影響を与えない一方で、人員の「配置」は組織文化に強い影響を与えます。これは、人を外から入れる採用だけでなく、社内の人材を入れ替える配置も同様です。つまり、組織文化を革新的にしたければ、革新的な人を入れたり、革新的な人を部署に集めたりすることが重要なのです。ただし、採用や異動は少しずつ行っていると慣性の餌食になります。一気に人を入れ替えるぐらいのドラスティックな変化が必要です。

なお組織文化の検証は通常、社員向けのアンケートを実施し、そのデータを分析することで行われます。個人レベル（個々人はどのように捉えているか）、組織レベル（組織全体ではどのように捉えられているか）だけでなく、集団レベル（集団になるとどのように捉えられているか）という形で文化を捉えるのが有効だと言われています（これを行う手法としてマルチレベル分析があります）。

こうした定量的な調査に加えて、定性的な調査も実施するといいでしょう。文化人類学の世界では、文化を調査する際に現地に赴いて様子を観察する「参与観察*」や「エスノグラフィー*」といった手法を用います。組織文化の検証でも、社員の「行動」を調査しましょう。たとえば、社員の行動パターンを調べた結果、チャレンジしている人が多ければチャレンジングな文化と考えることができます。

＊参与観察やエスノグラフィーとは、研究対象に、数か月から数年に渡って滞在し、その社会のメンバーの一員として過ごししながら、対象を直接観察し、そこにおける生活についての聞き取りなどを行うことを意味する。

【バイアス㊹】

組織文化は、短期間で変えられる

【組織文化】

「組織文化」とは、組織における風土と文化を指す。文化は風土と同一視されることもあるが、風土はどちらかというと表層的で、測定できるもの。その意味では、アンケートによって測定された組織文化は、厳密には「組織風土」に分類されることもある。

■働き方を変えれば、組織文化は変わるのか

「環境変化に対応できなければ企業は生き残れない」という危機感を持つ経営者は少なくありません。実際、多くの企業が現在、外部環境の変化に応じて組織文化を変えようとしています。

その端的な例が、「働き方改革」後の企業の動きでしょう。

15年に起こった大手広告代理店社員の過労死自殺は、日本企業における「働き方」に再考を促す、大きな契機となりました。この事件をきっかけに日本における働き方に対する考え方が変わり、多くの企業が、定時帰宅の推奨や残業廃止などの人事施策を実施しました。その結果、サービス残業が当たり前だった企業の社員も定時で帰宅するようになったのです。

ただ、働き方を変えたところで、本当に組織文化も業務のパフォーマンスが変わるのでしょうか。

「勤怠管理上の労働時間は短くなったものの、仕事量は減らないから、持ち帰り残業が増えただけ。業務に関わる負担は変わっていない」といった本音も、各所から聞こえてきます。

短期間で働き方を変えようとすれば、本質的な問題を直視せずに表面的に対処しがちです。社員を増やすことなく、労働時間を短縮するには、業務効率化が必須な筈。その問題を解決せずに、残業を廃止すれば、しわ寄せは誰かに行きます。

また、働き方を変えれば組織文化は変わるのか、そもそも組織文化を短期間で変えられるのかという疑問も湧いてきます。

■組織文化は、強いものであればあるほど変わりにくい

強い組織文化を短期間で変えるのは難しく、組織文化は、強いものであればあるほど変わりにくいことは、学術研究によって明らかになっています。

おそらく、日本の会社が働き方を大きく変えても、組織文化にも組織のパフォーマンスにもほとんど影響はないでしょう。

ただ、強力なリーダーが経営者に就くと、極めて短時間に組織文化が変わることはあります。日産自動車のゴーン元会長が就任したときのように、経営陣が一新され、トップが強力なリーダーシップを発揮すれば、組織文化も激変するのです。

では強力なリーダーのいない会社が、組織文化を変えるにはどうすればいいのでしょう。

おそらく最も現実的なのは「働く人を入れ替える」ことです。組織文化を形成しているのは、イ

ンフォーマルネットワークであり、それを構成する社員です。異なるタイプの社員を急速に増やせば、当然、企業の組織文化も変わります。

■組織文化を変える最も現実的な方法は、「人を入れ替える」こと

リクルートは、人がつねに入れ替わることで、組織文化を変え続けています。時代や外部環境の変化に応じて、採用する人材のタイプも柔軟に変えていることも大きいのでしょう。「自律的である」という共通点こそあるものの、昔は営業タイプの人材が多かったのに対して、最近はエンジニアや企画屋タイプの人材が増えています。そのため、入社した年代によって組織文化が異なるという現象も起こっている。これが、ある意味、リクルートが外部環境の変化に対応しながら、新しい事業を生み出し続けられている理由かもしれません。

このように、時代や外部環境の変化に応じて採用する人材を変え、それにより組織文化を変えるという一連のプロセスは企業に必要なことかもしれません。一方で、このプロセスを通じて、社員のリストラが必要になる企業も現れるでしょう。求める人材と社内の人材とがマッチしないためです。

たとえば90年代初頭、ルイス・ガースナー*がIBMの再生に取り組んだ際、およそ10年間で約8割の社員が入れ替わったと言われています。その結果、IBMはコンピュータメーカーからソフトウェア開発とコンサルティングを主軸とする企業へと変貌し、業績回復を果たしました。

*ルイス・ガースナーは米国を代表する経営者の一人。マッキンゼーでコンサルタントを勤めた後、アメリカン・

エキスプレス、RJRナビスコ会長兼最高経営責任者（CEO）を歴任、1993年にIBMの会長兼最高経営責任者（CEO）に就任し、累積赤字総額150億ドルに陥ったIBMを就任から3年間で経営再建した。

ソフトバンクもまた、ソフト流通、出版、イベント運営、プロバイダー・固定通信事業者、移動体通信事業者、投資会社と主力事業を次々と転換させています。たとえば、インターネットサービスプロバイダー事業である「Ｙａｈｏｏ！ ＢＢ」が主力事業だった時代から、移動体通信事業へと移行する際には大量の人材を採用するなど、会社の戦略に合わせて事業も人員も劇的に変えています。

学習院大学経済学部の守島基博教授が「戦略や事業がまず大事。その上で、それに貢献できる人事を実行するのが戦略人事である」と指摘するように、「戦略を実行できる人材を調達する」という考え方が、組織文化を変えるために求められるのです。

なお組織のパフォーマンスを上げたいのであれば、働き方を変える前に業務のやり方を変える方が、早いかもしれません。筆者が以前、リクルートで時短勤務のプロジェクトに携わった際には、「作業にかかる時間を事前に見積もる」「集約できる作業を洗い出す」「最適な作業分担を考える」など、社員それぞれのプロジェクトマネジメントのスキルを上げることに注力しました。

このように業務のやり方を見直し、社員のスキルを向上させた結果、組織としてのパフォーマンスも上がり、時短勤務を実現できたのです。日本では、「制度を導入する→制度に合わせようと頑張る→スキルが上がる」といった流れで業務改革が進められますが、本来は「業務のやり方を変える→スキルを上げる→業務やスキルに応じた制度を導入する」という流れが正しいのではないでしょうか。

【バイアス㊺】

強い組織文化を持てば、企業の業績は上がる

【ホフステードの6次元モデル】
ホフステードの6次元モデルとは、組織文化研究の権威であるオランダのヘールト・ホフステードが、ＩＢＭの社員を対象に行った調査と分析から、国民文化の違いを相対的に定量比較できるようにしたもの。文化を理解する上で重要になるのは、「権力格差（大きい 小さい）」「個人主義 集団主義」「男性性 女性性」「不確実性の回避度（高い 低い）」「長期志向 短期志向」「人生の楽しみ方（充足的 抑制的）」の6次元であることを示した。

■強い組織文化とは、どのような状態を指すのか

現在、多くのビジネスマンは「強い組織文化を持つ会社は業績も上がる」と当たり前のように信じています。「強い組織文化を作り上げる」ことに否定的な意見を聞くことは稀で、多くの企業が強い文化につながる経営理念や行動規範を作ろうとしています。ある意味、強い組織文化とは組織マネジメントにおける絶対的な存在なのかもしれません。

なぜ、強い組織文化という概念がこれほどまでに信仰されるようになったのでしょう。その信仰の始まりはそれほど古くなく、80年代からです。『エクセレント・カンパニー』（トム・ピーターズ*、

ロバート・ウォーターマン＊著、英治出版）と『ビジョナリー・カンパニー』（ジム・コリンズ＊著、日経BP社）という2冊の書籍において、超優良企業が「シンプルな価値観＝組織文化」を原動力に動いていることを解説したことで注目されるようになったのです。

＊トム・ピーターズは、米国の経営コンサルタント。「7つのS」を開発したことでも有名。ロバート・ウォーターマンは経営管理実践に関するノンフィクションの著作家、専門家。実はトム・ピーターズ同様に、マッキンゼーで働いていた。そして、ジム・コリンズは米国のビジネス・コンサルタント。コリンズもまたスタンフォード大学で経営学修士号を取得後、マッキンゼーに勤務。

この2冊は世界的なベストセラーとなり、この本を読んだ多くの経営者やビジネスマンは「強い組織文化を持つ企業ほど、業績が高い」と考えるようになったのです（残念ながら、これらの本で紹介されていた企業の多くは現在、業績が悪化していますが……）。

ここで、そもそも「強い組織文化」とは、どのような状態を指すのかを考えてみましょう。

組織論における「強い組織文化」とは、ある価値観がトップから末端に至るまで深く浸透していて、全員がその価値観に基づいて行動していることを指します。文化の中身よりも文化の浸透度合いが問題なのです。

しかし、この事実はあまり理解されていません。多くの人は、強い組織文化を持つ会社と言われると、社員全員が経営理念に共感し、自律的にビジョン達成へ向けて精力的に動く組織を思い浮かべます。しかし組織論の考え方からすれば、自律的であること、プロアクティブであることなどは、強い組織文化に不可欠ではありません。

たとえば、「ダイバーシティの重要性を、社員全員が認めている」企業は、それが企業の文化として根付いているという意味で、強い組織文化を持っていることになります。ところが、この会社には、早朝からバリバリ働く人もいれば、ハワイで海を眺めつつ自分のペースでリモートワークをする人もいるかもしれない。それでも、共通の価値観が浸透していれば、強い組織文化を持っていることになります。

■強い組織文化は、長期的には業績にプラスに働くわけではない

エドガー・シャイン*によれば、組織文化は「集団が外部に適応したり、内部を統合したりするなかで生み出された、基本的仮定のパターンである」と定義されます。ここでいう基本的仮定とは「その組織のメンバーが共通して持っている価値観や信念」を指します。

＊エドガー・シャインは、米国の組織行動論の研究者。陸軍の研究所で洗脳研究を行った後、マサチューセッツ工科大学に移り、組織開発、キャリア開発、組織文化などの分野で貢献している。

要は組織文化とは、会社が外部環境の変化に適応し、様々な人を受け入れるなかで、いつの間にか社員全員が共有するようになった価値観と言っていいでしょう。そして組織文化は、「この会社ではこういう考え方や行動が正しい」と社員を方向付けることで、行動選択の自由を制約するのです。

では、強い組織文化は業績にプラスに働くのでしょうか。学術研究によれば、いまのところ「弱

い関係しかない」という結果が出ています。特に企業業績の分析に時間軸を加えると、文化が強いと業績は短期的には向上するものの、長期的には低下していることが明らかになっているのです*。

＊組織文化が脚光を浴びるきっかけとなった『エクセレント・カンパニー』についても、出版の翌年に研究者から多数の批判が寄せられ、調査の信頼性や妥当性が疑われている。やり玉に挙がったのは、好業績企業だけが調査対象になっている点、本当に2～3の基本的な価値観だけを原動力に行動しているかを検証していない点、調査のベースとなるデータがトップマネジメントへのヒアリングだけである点などだ。

強い組織文化によって長期的なスパンで業績低下する理由は「変化対応能力が低いから」と考えられています。強い組織文化があると「文化の慣性が強くなる＝そのままであろうとする力が強くなる」ために、組織文化を柔軟に変化させることが難しくなるのです。

たとえば、米国のコンピュータメーカーのＤＥＣは、大型コンピューターよりも安く使いやすいミニコンの開発により80年代に世界第2位にまで成長したものの、ミニコンからＰＣへの転換期にその波に乗り切れず、コンパックに買収されました。ＤＥＣの創業者、ケン・オルセンが「自宅にコンピュータを欲しがるような人などいない」と語っているように、これまで根付いた強い組織文化が阻害して、新たな価値観を取り入れられなかったのです。

■変わり続ける市場では、強い組織文化にはデメリットが大きい

ここまで見てきたように、組織文化は短期間であれば、企業の業績に良い影響を与える一方、長期的には業績にプラスに働かないというのが、組織研究における一つの結論です。

一方で、強い組織文化が長期に渡り業績に寄与する例もあります。たとえば、地場に根付いて不動産業を展開する会社では、数十年以上に渡り、同じことを粛々とやり続ける姿勢が必要です。時代の変化に合わせて変わり続ける必要などありません。また、老舗の佃煮屋には、イチゴ味の佃煮のような奇抜なものは求められません。なじみのお得意さんに好まれて、昔からの味付けや食感を守り続けることが評価されます。

勝ちパターンが決まっている業界であれば、変わり続けることにそれほど意味はありません。反対に、変わり続けることが求められる業界であれば、強い組織文化を持つことのデメリットに注意しなくてはならない。特に外部環境の変化が激しいと、強い組織文化は仇となるでしょう。その意味では、組織文化の強さよりも、「組織文化の中身が外部環境の変化に適応できているか」が重要なのかもしれません。

組織文化の中身の検証では、ヘールト・ホフステードがＩＢＭの社員を対象に調査を実施し、そこから導き出した「６次元モデル」が参考になります。国民文化の違いを分析したこのモデルでは、文化を理解する上では「権力格差（大きい 小さい）」「個人主義 集団主義」「男性性 女性性」「不確実性の回避度（高い 低い）」「長期志向 短期志向」「人生の楽しみ方（充足的 抑制的）」の６次元が参考になることを示しました。

参考文献リスト

■1章

【バイアス①】
・高橋弘司. (1994). 組織社会化段階モデルの開発および妥当性検証の試み. 経営行動科学, 9(2), 103-121.

【バイアス②】
・Feldman, D. C., & Brett, J. M. (1983). Coping with new jobs: A comparative study of new hires and job changers. Academy of Management journal, 26(2), 258-272.
・鴻巣忠司. 小泉大輔. 西村知晃. (2011). 新卒採用者と中途採用者の組織社会化の比較研究. 経営行動科学学会年次大会: 発表論文集, 14, 255-260.
・中原淳. (2012). 経営学習論: 人材育成を科学する. 東京大学出版会.
・尾形真実哉. (2018). 中途採用者の組織適応に関する量的比較分析 入社方法と主観的業績に焦点を当てて. 甲南経営研究, 59(1), 45-87.

【バイアス③】
・Harris, S. G., & Mossholder, K. W. (1996). The affective implications of perceived congruence with culture dimensions during organizational transformation. Journal of management, 22(4), 527-547.
・Koberg, C. S., & Chusmir, L. H. (1987). Organizational culture relationships with creativity and other job-related variables. Journal of business research, 15(5), 397-409.

【バイアス④】
・Gati, I. (1986). Making career decisions: A sequential elimination approach. Journal of counseling psychology, 33(4), 408-417.
・下村英雄・堀洋道. (1994). 大学生の職業選択における情報収集行動の検討. 筑波大学心理学研究, 16, 209-220.

【バイアス⑤】
・Callinan, M., & Robertson, I. T. (2000). Work sample testing. International Journal of selection and assessment, 8(4), 248-260.
・尾形真実哉. (2007). 新人の組織適応課題：リアリティ・ショックの多様性と対処行動に関する定性的分析. 人材育成研究, 2(1), 13-30.
・尾形真実哉. (2012). リアリティ・ショックが若年就業者の組織適応に与える影響の実証研究. 組織科学, 45(3), 49-66.
・Phillips, J. M. (1998). Effects of realistic job previews on multiple organizational outcomes: A meta-analysis. Academy of management journal, 41(6), 673-690

・Wanous, J. P., Poland, T. D., Premack, S. L., & Davis, K. S. (1992). The effects of met expectations on newcomer attitudes and behaviors: a review and meta-analysis. Journal of applied psychology, 77(3), 288-297.

【バイアス⑥】

・Festinger, L. (1954). A theory of social comparison processes. Human relations, 7(2), 117-140.
・黒田祐二・桜井茂男. (2001). 中学生の友人関係場面における目標志向性と抑うつとの関係. 教育心理学研究, 49(2), 129-136.
・Wills, T. A. (1981). Downward comparison principles in social psychology. Psychological bulletin, 90(2), 245-271.

【バイアス⑦】

・Bandura, A. (1977). Self-efficacy: Toward a unifying theory of behavioral change. Psychological review, 84(2), 191-215.
・浦上昌則. (1994). 女子学生の学校から職場への移行期に関する研究：「進路選択に対する自己効力」の影響. 青年心理学研究, 6, 40-49.

【バイアス⑧】

・Matsui, T., & Tsukamoto, S. I. (1991). Relation between career self-efficacy measures based on occupational titles and Holland codes and model environments: A methodological contribution. Journal of vocational behavior, 38(1), 78-91.
・Taylor, K. M., & Betz, N. E. (1983). Applications of self-efficacy theory to the understanding and treatment of career indecision. Journal of vocational behavior, 22(1), 63-81.
・富永美佐子. (2008). 進路選択自己効力に関する研究の現状と課題. キャリア教育研究, 25(2), 97-111.

■2章

【バイアス⑨】

・Lodewijkx, H. F., & Syroit, J. E. (1997). Severity of initiation revisited: Does severity of initiation increase attractiveness in real groups? European journal of social psychology, 27(3), 275-300.
・尾形真実哉. (2009). 導入時研修が新人の組織社会化に与える影響の分析: 組織社会化戦術の観点から. 甲南経営研究, 49(4), 19-61.
・若林満. 1991. 21世紀企業人は育っているか. 産業訓練, 37, 94-101.

【バイアス⑩】

・Bandura, A., & Cervone, D. (1983). Self-evaluative and self-efficacy mechanisms governing the motivational effects of goal systems. Journal of personality and social psychology, 45(5), 1017-1028.

- Locke, E. A. (1969). What is job satisfaction? Organizational behavior and human performance, 4(4), 309-336.
- Locke, E. A., & Latham, G. P. (1990). A theory of goal setting and task performance. Prentice-Hall, Inc.
- Locke, E. A., & Latham, G. P. (2013). Goal setting theory: The current state. In E. A. Locke & G. P. Latham (Eds.), New developments in goal setting and task performance. Routledge/Taylor & Francis Group.
- Locke, E. A., Shaw, K. N., Saari, L. M., & Latham, G. P. (1981). Goal setting and task performance: 1969–1980. Psychological bulletin, 90(1), 125-152.
- Stock, J., & Cervone, D. (1990). Proximal goal-setting and self-regulatory processes. Cognitive therapy and research, 14(5), 483-498.

【バイアス⑪】
- Arthur, M. B., & Rousseau, D. M. (1996). Introduction: The boundaryless career as a new employment principle. In Arthur, M. B. and Rousseu, D M. (Eds.), The boundaryless career: A new employment principle for a new organizational era, Oxford University Press.
- Hall, D. T. (2002). Careers in and out of organizations. Sage.
- 山本寛. (2008). 転職とキャリアの研究: 組織間キャリア発達の観点から, 創成社.

【バイアス⑫】
- 平野光俊. (2003). 組織モードの変容と自律型キャリア発達. 神戸大学ディスカッション・ペーパー , 29.
- 堀内泰利・岡田昌毅. (2009). キャリア自律が組織コミットメントに与える影響. 産業・組織心理学研究, 23(1), 15-28.

【バイアス⑬】
- Arnold, J., & Cohen, L. (2008). The psychology of careers in industrial and organizational settings: A critical but appreciative analysis. International review of industrial and organizational psychology, 23(1), 1-44.
- Arthur, M. B., Khapova, S. N., & Wilderom, C. P. (2005). Career success in a boundaryless career world. Journal of organizational behavior, 26(2), 177-202.
- Carlson, D. S., Kacmar, K. M., Wayne, J. H., & Grzywacz, J. G. (2006). Measuring the positive side of the work–family interface: Development and validation of a work–family enrichment scale. Journal of vocational behavior, 68(1), 131-164.
- Greenhaus, J. H., & Powell, G. N. (2006). When work and family are allies: A theory of work-family enrichment. Academy of management review, 31(1), 72-92.
- Judge, T. A., Cable, D. M., Boudreau, J. W., & Bretz Jr, R. D. (1995). An empirical investigation of the predictors of executive career success. Personnel psychology, 48(3), 485-519.
- Lau, V. P., Shaffer, M. A., & Au, K. (2007). Entrepreneurial career success from a Chinese perspective: conceptualization, operationalization, and validation. Journal of

international business studies, 38(1), 126-146.
・Ng, T. W. H., Edy, L. T., Sorensen, K. L., & Feldman, D. C. (2005). Predictors of objective and subjective career success: A meta-analysis. Personnel Psychology, 58, 367-408.

【バイアス⑭】
・Bass, B. M., & Bass Bernard, M. (1985). Leadership and performance beyond expectations. Free Press.
・Stogdill, R. M. (1948). Personal factors associated with leadership: A survey of the literature. The Journal of psychology, 25(1), 35-71.
・Stogdill, R. M. (1963). Manual for the leader behavior description questionnaire-Form XII: An experimental revision. Bureau of Business Research, College of Commerce and Administration, Ohio State University.
・Walumbwa, F. O., Avolio, B. J., Gardner, W. L., Wernsing, T. S., & Peterson, S. J. (2008). Authentic leadership: Development and validation of a theory-based measure. Journal of management, 34(1), 89-126.

【バイアス⑮】
・Ericsson, K. A., Krampe, R. T., & Tesch-Römer, C. (1993). The role of deliberate practice in the acquisition of expert performance. Psychological review, 100(3), 363.
・池田浩. (2008). リーダー行動の発生機序におけるリーダーの自信の効果. 人間文化, 11, 49-64.
・McCall, M. W. (1998). High flyers: Developing the next generation of leaders. Harvard Business Press.
・McCall Jr, M. W. Lombardo, M.M.Morrison, A. M. (1988). The lessons of experience: How successful executives develop on the job. Lexington, MA: Lexington Books.
・McCauley, C. D., Moxley, R. S., & Van Velsor, E. (Eds.). (1998). The Center for Creative Leadership handbook of leadership development. San Francisco: Jossey-Bass.
・Yukl, G. (2013). Leadership in organizations global edition. Pearson Education Limited.
・中村恵. (1991). 昇進とキャリアの幅:アメリカと日本の文献研究. 小池和男編, 大卒ホワイトカラーの人材開発, 東洋経済新報社.
・松繁寿和. (2000). キャリアマラソンの序盤: 文系大卒ホワイトカラーの異動と選抜. 国際公共政策研究, 4(2), 21-40.

【バイアス⑯】
・Bezuijen, X. M., van Dam, K., van den Berg, P. T., & Thierry, H. (2010). How leaders stimulate employee learning: A leader–member exchange approach. Journal of occupational and organizational psychology, 83(3), 673-693.
・Heslin, P. A., Vandewalle, D. O. N., & Latham, G. P. (2006). Keen to help? Managers' implicit person theories and their subsequent employee coaching. Personnel psychology, 59(4), 871-902.

・Oi, K., Kamimura, T., Kumamoto, T., & Matsumoto, K. (2000). A search for the feedback that works for Japanese EFL students: Content-based or grammar-based. JACET bulletin, 32, 91-108.
・Vancouver, J. B., & Morrison, E. W. (1995). Feedback inquiry: The effect of source attributes and individual differences. Organizational behavior and human decision processes, 62(3), 276-285.

【バイアス⑰】

・Dweck, C. S., & Elliott, E. S. (1983). Achievement motivation. In P. H. Mussen (Gen. Ed.), & E. M. Hetherington (Ed.), Handbook of child psychology: 4, 643-691.
・Elliott, E. S., & Dweck, C. S. (1988). Goals: An approach to motivation and achievement. Journal of personality and social psychology, 54(1), 5-12.
・Leggett, E. L. (1985). Children's entity and incremental theories of intelligence: Relationships to achievement behavior. In annual meeting of the Eastern Psychological Association, March, Boston.

【バイアス⑱】

・市川伸一. (1995). 学習と教育の心理学. 岩波書店.
・伊藤篤. (1995). 達成目標と動機づけ. 新井邦二郎（編）教室の動機づけの理論と実践. 金子書房. 76-91.
・Rawsthorne, L. J., & Elliot, A. J. (1999). Achievement goals and intrinsic motivation: A meta-analytic review. Personality and social psychology review, 3(4), 326-344.

【バイアス⑲】

・藤井勉・上淵寿. (2010). 潜在連合テストを用いた暗黙の知能観の査定と信頼性・妥当性の検討. 教育心理学研究, 58(3), 263-274.
・速水敏彦・伊藤篤・吉崎一人. (1989). 中学生の達成目標傾向. 名古屋大學教育學部紀要. 教育心理学科, (36), 55-72.
・Sujan, H., Weitz, B. A., & Kumar, N. (1994). Learning orientation, working smart, and effective selling. Journal of marketing, 58(3), 39-52.

■3章

【バイアス⑳】

・Ames, C., & Archer, J. (1988). Achievement goals in the classroom: Students' learning strategies and motivation processes. Journal of educational psychology, 80(3), 260-267.
・Church, M. A., Elliot, A. J., & Gable, S. L. (2001). Perceptions of classroom environment, achievement goals, and achievement outcomes. Journal of educational psychology, 93(1), 43-54.
・三木かおり, & 山内弘継. (2005). 教室の目標構造の知覚, 個人の達成目標志向, 学習方略の関連性. 心理学研究, 76(3), 260-268.

・村山航. (2003). 達成目標理論の変遷と展望. 心理学評論, 46(4), 564-583.
・龍祐吉. 伊東知代. 小川内哲生. (2000). Help-Seekingに及ぼす認知されたクラスの達成目標と有能さの知覚の影響について. 中京女子大学研究紀要, 34, 19-26.
・Schmidt, K. H. (2010). The relation of goal incongruence and self-control demands to indicators of job strain among elderly care nursing staff: A cross-sectional survey study combined with longitudinally. International journal of nursing studies, 47, 855-863.
・渡辺弥生. (1990). クラスの学習目標の認知が生徒の学業達成に及ぼす影響について. 教育心理学研究, 38, 198-204.

【バイアス㉑】
・Elliot, A. J., & Harackiewicz, J. M. (1996). Approach and avoidance achievement goals and intrinsic motivation: A mediational analysis. Journal of personality and social psychology, 70(3), 461-475.
・Elliot, A. J., Shell, M. M., Henry, K. B., & Maier, M. A. (2005). Achievement goals, performance contingencies, and performance attainment: An experimental test. Journal of educational psychology, 97(4), 630-640.
・光浪睦美. (2010). 達成動機と目標志向性が学習行動に及ぼす影響. 教育心理学研究, 58(3), 348-360.
・Rawsthorne, L. J., & Elliot, A. J. (1999). Achievement goals and intrinsic motivation: A meta-analytic review. Personality and social psychology review, 3(4), 326-344.

【バイアス㉒】
・Shalley, C. E., & Perry-Smith, J. E. (2001). Effects of social-psychological factors on creative performance: The role of informational and controlling expected evaluation and modeling experience. Organizational behavior and human decision processes, 84(1), 1-22.

【バイアス㉓】
・Mount, M. K., Judge, T. A., Scullen, S. E., Sytsma, M. R., & Hezlett, S. A. (1998). Trait, rater and level effects in 360-degree performance ratings. Personnel psychology, 51, 557-576.
・高橋潔. (2010). 人事評価の総合科学: 努力と能力と行動の評価. 白桃書房.

【バイアス㉔】
・Bernardin, H. J., Dahmus, S. A., & Redmon, G. (1993). Attitudes of first - line supervisors toward subordinate appraisals. Human resource management, 32(2-3), 315-324.
・Hazucha, J. F., Hezlett, S. A., & Schneider, R. J. (1993). The impact of 360 - degree feedback on management skills development. Human resource management, 32(2-3), 325-351.
・Johnson, J. W., & Ferstl, K. L. (1999). The effects of interrater and self-other agreement on performance improvement following upward feedback. Personnel

psychology, 52(2), 271-303.
- London, M., Wohlers, A. J., & Gallagher, P. (1990). A feedback approach to management development. Journal of management development, 9, 17-31.
- McCauley, C. D., & Lombardo, M. M. (1990). Benchmarks: An instrument for diagnosing managerial strengths and weaknesses. In Clark, K. E., & Clark, M. B. (eds). Measures of leadership. West Orange, NJ: Leadership Library of America.
- Seifert, C. F., Yukl, G., & McDonald, R. A. (2003). Effects of multisource feedback and a feedback facilitator on the influence behavior of managers toward subordinates. Journal of applied psychology, 88(3), 561-569.

【バイアス㉕】
- Atkins, P. W., & Wood, R. E. (2002). Self-versus others' ratings as predictors of assessment center ratings: Validation evidence for 360-degree feedback programs. Personnel psychology, 55, 871-904.
- Harris, M. M., & Schaubroeck, J. (1988). A meta - analysis of self - supervisor, self - peer, and peer - supervisor ratings. Personnel psychology, 41(1), 43-62.
- McCall, M. W., & Lombardo, M. M. (1983). Off the track: Why and how successful executives get derailed (No. 21). Greensboro, NC: Center for Creative Leadership.
- Ward, P. , Brown, B. , & Cipolla, L. (1995). A 360-degree turn for the better. People management, 1(3), 20-22.

【バイアス㉖】
- Jarzebowski, A., Palermo, J., & van de Berg, R. (2012). When feedback is not enough: The impact of regulatory fit on motivation after positive feedback. International coaching psychology review, 7(1), 14-32.
- Jones, E. E., & Nisbett, R. E. (1972). The actor and the observer: Divergent perceptions of the causes of behavior. In Jones, E. E. et al. (Eds.), Attribution: Perceiving the causes of behavior. Morristown, New Jersey: General Learning Press.
- Kluger, A. N., & DeNisi, A. (1996). The effects of feedback interventions on performance: A historical review, a meta-analysis, and a preliminary feedback intervention theory. Psychological bulletin, 119(2), 254-284.
- Podsakoff, P. M., & Farh, J. L. (1989). Effects of feedback sign and credibility on goal setting and task performance. Organizational behavior and human decision processes, 44(1), 45-67.
- Ryan, R. M. (1982). Control and information in the intrapersonal sphere: An extension of cognitive evaluation theory. Journal of personality and social psychology, 43(3), 450-461.
- Sadler, D. R. (1989). Formative assessment and the design of instructional systems. Instructional science, 18(2), 119-144.

【バイアス㉗】
・Brown, P., Levinson, S. C., & Levinson, S. C. (1987). Politeness: Some universals in language usage (Vol. 4). Cambridge university press.
・Janssen, O., & Prins, J. (2007). Goal orientations and the seeking of different types of feedback information. Journal of occupational and organizational psychology, 80(2), 235-249.
・Markus, H. R., & Kitayama, S. (1991). Culture and the self: Implications for cognition, emotion, and motivation. Psychological review, 98(2), 224-253.

【バイアス㉘】
・Goldsmith, D. J., & MacGeorge, E. L. (2000). The impact of politeness and relationship on perceived quality of advice about a problem. Human communication research, 26(2), 234-263.
・Rudawsky, D. J., Lundgren, D. C., & Grasha, A. F. (1999). Competitive and collaborative responses to negative feedback. International journal of conflict management, 10(2), 172-190.
・Sedikides, C., & Strube, M. J. (1997). Self evaluation: To thine own self be good, to thine own self be sure, to sthine own self be true, and to thine own self be better. Advances in experimental social psychology, 29, 209-269.

■4章

【バイアス㉙】
・Bart, C. K. (1997). Sex, lies, and mission statements. Business horizons, 40(6), 9-18.
・北居明・田中雅子. (2009). 理念の浸透方法と浸透度の定量的分析: 定着化と内面化. 経営教育研究, 12(2), 49-58.
・田中雅子. (2016). 経営理念浸透のメカニズム: 10 年間の調査から見えた「わかちあい」の本質と実践. 中央経済社.

【バイアス㉚】
・Locke, E. A., & Latham, G. P. (1990). A theory of goal setting and task performance. Prentice-Hall, Inc.
・O'Leary-Kelly, A. M., Martocchio, J. J., & Frink, D. D. (1994). A review of the influence of group goals on group performance. Academy of management journal, 37(5), 1285-1301.

【バイアス㉛】
・Schaufeli, W. B., & Bakker, A. B. (2010). Defining and measuring work engagement: Bringing clarity to the concept.
・Schaufeli, W. B., Salanova, M., González-Romá, V., & Bakker, A. B. (2002). The measurement of engagement and burnout: A two sample confirmatory factor analytic approach. Journal of happiness studies, 3(1), 71-92.

【バイアス㉜】
・Hallberg, U. E., & Schaufeli, W. B. (2006). "Same same" but different? Can work engagement be discriminated from job involvement and organizational commitment?. European psychologist, 11(2), 119-127.
・Shimazu, A., Schaufeli, W. B., Kosugi, S., Suzuki, A., Nashiwa, H., Kato, A., Sakamoto, H., Irimajiri, H., Amano, S., Hirohara, K., Goto, R., and Kitaoka-Higashiguchi, K. (2008). Work engagement in Japan: validation of the Japanese version of the Utrecht Work Engagement Scale. Applied psychology, 57(3), 510-523.

【バイアス㉝】
・Ferguson, M. J., & Porter, S. C. (2013). An examination of categorization processes in organizations: The root of intergroup bias and a route to prejudice reduction. In Roberson, Q. M. (Ed.), Oxford library of psychology. The Oxford handbook of diversity and work. Oxford University Press.
・Harrison, D. A., Price, K. H., & Bell, M. P. (1998). Beyond relational demography: Time and the effects of surface-and deep-level diversity on work group cohesion. Academy of management journal, 41(1), 96-107.
・Joshi, A., & Roh, H. (2009). The role of context in work team diversity research: A meta-analytic review. Academy of management journal, 52(3), 599-627.
・Roberson, Q. M. (2006). Disentangling the meanings of diversity and inclusion in organizations. Group & organization management, 31(2), 212-236.
・Tajfel, H., Billig, M. G., Bundy, R. P., & Flament, C. (1971). Social categorization and intergroup behaviour. European journal of social psychology, 1(2), 149-178.
・Van Knippenberg, D., Haslam, S. A., & Platow, M. J. (2007). Unity through diversity: Value-in-diversity beliefs, work group diversity, and group identification. Group dynamics: Theory, research, and practice, 11(3), 207-222.

【バイアス㉞】
・Díaz-García, C., González-Moreno, A., & Jose Saez-Martinez, F. (2013). Gender diversity within R&D teams: Its impact on radicalness of innovation. Innovation, 15(2), 149-160.

【バイアス㉟】
・Blair, I. V., Ma, J. E., & Lenton, A. P. (2001). Imagining stereotypes away: The moderation of implicit stereotypes through mental imagery. Journal of personality and social psychology, 81(5), 828-841.
・Lenton, A. P., Bruder, M., & Sedikides, C. (2009). A meta-analysis on the malleability of automatic gender stereotypes. Psychology of women quarterly, 33(2), 183-196.
・Paluck, E. L., & Green, D. P. (2009). Prejudice reduction: What works? A review and assessment of research and practice. Annual review of psychology, 60, 339-367.

【バイアス㊱】
・Berthon, P., Pitt, L. F., & Ewing, M. T. (2001). Corollaries of the collective: the influence of organizational culture and memory development on perceived decision-making context. Journal of the academy of marketing science, 29(2), 135-150.
・Deshpandé, R., & Farley, J. U. (1999). Executive insights: corporate culture and market orientation: comparing Indian and Japanese firms. Journal of international marketing, 7(4), 111-127.
・Fey, C. F., & Denison, D. R. (2003). Organizational culture and effectiveness: Can American theory be applied in Russia? Organization science, 14(6), 686-706.
・Stock, G. N., & McDermott, C. M. (2000). Implementing advanced manufacturing technology: The role of organizational culture. Production & inventory management journal, 41(3), 66-71.
・飛田努. (2010). 日本企業の組織文化・経営理念と財務業績に関する実証分析--2000年代における日本的経営を考察する手掛かりとして. 立命館経営学, 48(5), 61-78.

■5章

【バイアス㊲】
・Chen, L. H., Wu, C. H., Kee, Y. H., Lin, M. S., & Shui, S. H. (2009). Fear of failure, 2×2 achievement goal and self-handicapping: An examination of the hierarchical model of achievement motivation in physical education. Contemporary educational psychology, 34(4), 298-305.
・Elliot, A. J., & Church, M. A. (1997). A hierarchical model of approach and avoidance achievement motivation. Journal of personality and social psychology, 72(1), 218-232.

【バイアス㊳】
・Ashforth, B. E., Sluss, D. M., & Saks, A. M. (2007). Socialization tactics, proactive behavior, and newcomer learning: Integrating socialization models. Journal of vocational behavior, 70(3), 447-462.
・Chan, D., & Schmitt, N. (2000). Interindividual differences in intraindividual changes in proactivity during organizational entry: A latent growth modeling approach to understanding newcomer adaptation. Journal of applied psychology, 85(2), 190-210.
・Fuller Jr, B., & Marler, L. E. (2009). Change driven by nature: A meta-analytic review of the proactive personality literature. Journal of vocational behavior, 75(3), 329-345.
・小川憲彦. (2012). 組織社会化戦術とプロアクティブ行動の相対的影響力：入社 1 年目従業員の縦断的データからドミナンス分析を用いて. 法政大学イノベーションマネジメント研究センター・ワーキング・ペーパー , 121.
・Ryan, A. M., & Pintrich, P. R. (1997). " Should I ask for help?" The role of motivation and attitudes in adolescents' help seeking in math class. Journal of educational psychology, 89(2), 329.

【バイアス㊴】
・De Lange, A. H., De Witte, H., & Notelaers, G. (2008). Should I stay or should I go? Examining longitudinal relations among job resources and work engagement for stayers versus movers. Work & stress, 22(3), 201-223.
・Hakanen, J. J., Bakker, A. B., & Demerouti, E. (2005). How dentists cope with their job demands and stay engaged: The moderating role of job resources. European journal of oral sciences, 113(6), 479-487.
・Hakanen, J. J., Schaufeli, W. B., & Ahola, K. (2008). The Job Demands-Resources model: A three-year cross-lagged study of burnout, depression, commitment, and work engagement. Work & stress, 22(3), 224-241.

【バイアス㊵】
・Bakker, A. B., Demerouti, E., & Burke, R. (2009). Workaholism and relationship quality: A spillover-crossover perspective. Journal of occupational health psychology, 14(1), 23-33.
・Beckers, D. G., van der Linden, D., Smulders, P. G., Kompier, M. A., van Veldhoven, M. J., & van Yperen, N. W. (2004). Working overtime hours: relations with fatigue, work motivation, and the quality of work. Journal of occupational and environmental Medicine, 46(12), 1282-1289.
・Shimazu, A., Schaufeli, W. B., Kamiyama, K., & Kawakami, N. (2015). Workaholism vs. work engagement: The two different predictors of future well-being and performance. International journal of behavioral medicine, 22(1), 18-23.

【バイアス㊶】
・Middleton, M. J., & Midgley, C. (1997). Avoiding the demonstration of lack of ability: An underexplored aspect of goal theory. Journal of educational psychology, 89(4), 710.
・Sideridis, G. D. (2005). Goal orientation, academic achievement, and depression: Evidence in favor of a revised goal theory framework. Journal of educational psychology, 97(3), 366-375.

【バイアス㊷】
・鎌田晶子・上瀬由美子・宮本聡介・今野裕之・岡本浩一. (2003). 組織風土による違反防止. 社会技術研究論文集, 1, 239-247.
・岡本浩一. (2007). 組織風土の属人思考と職業的使命感. 日本労働研究雑誌, 565, 4-12.

【バイアス㊸】
・Lawler III, E. E., Hall, D. T., & Oldham, G. R. (1974). Organizational climate: Relationship to organizational structure, process and performance. Organizational behavior and human performance, 11(1), 139-155.
・佐藤郁哉・山田真茂留. (2004). 制度と文化: 組織を動かす見えない力. 日本経済新聞社.

【バイアス㊹】
・Ashforth, B. E. (1985). Climate formation: Issues and extensions. Academy of management review, 10(4), 837-847.

【バイアス㊺】
・Carroll, D. T. (1983). A disappointing search for excellence. Harvard business review, 61(6), 78-88.
・Kotter, J. P., & Heskett, J. L. (1992). Corporate culture and performance: Free Press.
・Schein. E. H. (1985) Organizational Culture and Leadership: A Dynamic view, Jossey-Bass.

あとがき

私が組織論や行動科学を含む「経営学」という学問に本格的に触れるようになったのは、大学院に進学してからです。当時、「経営学は実践性を重んじる学問」という教科書の記述を真に受けていた私は、大学院に入り、目の前に広がる現実に驚きました。

実践性を重んじているにしては、企業を調査する機会がほとんどないと感じたからです。大学院生の同期や先輩は、たとえば企業に就職した同年代の知人・友人に頼み込んだり、（あまり多くはない）指導教員の調査に自作の質問項目をわずかに混ぜてもらったりして、ようやく企業を調査する機会を得ていたのです。

経営学の知識がどれほどビジネス界に普及しているかを調べた研究によれば、日本のビジネスパーソンが研究知にほとんど触れていないことも明らかになっています。もちろん、この原因を、研究者、実務家の一方に求めるのは拙速でしょう。学術界は、研究知を実務家にわかりやすく伝える努力を十分にしてこなかったのかもしれない。産業界も、実務を進める上で研究の知識を積極的に活用してこなかったのかもしれません。

私は、この経営学と企業実践の間に横たわる「溝」に問題意識を持ち、博士後期課程に進学したタイミングで、研究と実務を架橋すべくビジネスリサーチラボという組織を立ち上げました。以降、研究知と実践知の両方を融合する「アカデミックリサーチ」というコンセプトの下、人と組織のマネジメント領域において、人事データを分析するピープルアナリティクスや、従業員の現状を把握するエンゲージメントサーベイといったサービスを提供しています。

企業などへのサービス提供を通じて、実務の文脈を踏まえた形での研究知を自分なりに届けてきたつもりですが、ビジネスリサーチラボは大規模に事業を展開する組織ではなく、草の根で少しずつ研究知を広げてきたに過ぎません。

もっと多くのビジネスパーソンに、マネジメント領域における研究知を、実務上の事例と併せて提供することで、産学に横たわる溝を少しでも橋渡ししたい。こうした想いから生まれたのが本書です。この野心的な試みに対しては、産業界で学術界をウォッチし続けてきた人材研究所の曽和利光さん、学術界から産業界にやってきた私という体制で臨みました。

本書の作成にあたり、私たちは本書の類書を探しましたが、見当たりませんでした。その理由は、(これは執筆を開始してから強烈に痛感したのですが)本書のようなコンセプトの本を作成するのはとにかく難しいことにあります。

研究だけを、あるいは実務だけを紹介するのであれば、正直もっと簡単だったと思います。しかし、研究と実務の両者を、それぞれの本質を傷つけない形で結び付けるのは、極めて難易度の高い作業でした。いまとなっては、類書があまり存在していないのもうなずけます。

経営学では、学術研究が企業実務から離れているという現実を背景に、「学問的厳密性」(リガー)と「実践的有用性」(レリバンス)との間の葛藤を表す「RR問題」なるものが提起されています。厳密性を求めると有用性が下がり、有用性を高めようとすると厳密性が低下してしまう。そのような問題です。研究と実務を織り交ぜて一冊の本にしようとする私たちは、まさにRR問題のように、厳密性と有用性の板挟みになり続けました。

私たちの試みがどれほど成功したのか、RR問題とうまく折り合いをつけられたか（すなわち、本書が意義あるものか）は、読者の皆様のご判断に委ねるほかありませんが、私たちなりに全力でこの試みに向き合うことができたのは、人材研究所の安藤健さんをはじめとする著者それぞれを取り巻く方々の温かい支援があったからです。特にRR問題の渦中で私たちと一緒に奮戦していただいた、編集者の中村理さんには心より感謝申し上げる次第です。

本書は、研究と実務をつなごうとする一歩ですが、さらに歩みを進めるには、読者の皆様が本書を活用して、目の前の課題に取り組んでいただくことが不可欠となります。本書が皆様のどのような歩みを可能にするか、著者としては楽しみでなりませんし、苦戦する課題が少しでも緩和されるとすれば、これ以上の喜びはありません。

ビジネスリサーチラボ
代表取締役　伊達洋駆

■編集・構成　イノウ　http://www.iknow.ne.jp
■構成協力　伊田 欣司、谷口 伸仁、西谷 格、藤村 はるな
■カバーデザイン　小口 翔平＋三沢 稜（tobufune）
■DTP・図版作成　西嶋 正

組織論と行動科学から見た

人と組織のマネジメントバイアス

2020年　4月10日　初版第1刷発行

著　者　曽和 利光、伊達 洋駆
発行人　片柳 秀夫
編集人　三浦 聡
発行所　ソシム株式会社
https://www.socym.co.jp/
〒101-0064 東京都千代田区神田猿楽町 1-5-15　猿楽町 SS ビル 3F
TEL　03-5217-2400（代表）
FAX　03-5217-2420
印刷・製本 音羽印刷株式会社

定価はカバーに表示してあります。

落丁・乱丁は弊社編集部までお送りください。送料弊社負担にてお取り替えいたします。

ISBN978-4-8026-1235-7